U0112081

大展好書　好書大展
品嘗好書　冠群可期

大展好書　好書大展

品嘗好書　冠群可期

運動精進叢書 7

排球技巧圖解

鍾秉樞
蘇麗敏 主編

大展出版社有限公司

作者簡介

鍾秉樞

博士、教授、博導、國家級排球裁判員。1959 年出生，四川人，畢業於北京體育大學。歷任北京體育大學男排代表隊主教練、女排希望隊教練、排球教研室副主任、運動系副主任、主任、教務處處長，現任北京體育大學副校長、中國排球協會訓練科研委員會副主任。

1990 年至 1992 年國家公派赴西班牙進修學習。能熟練運用英語、西班牙語。出版的排球圖書有《球迷必備知識手冊排球分冊》、《排球運動科學探蹊》、《跟專家練排球》、《娛樂排球》、《體育課準備活動集錦（VCD）》、《跟我學排球（VCD）》、《排球裁判法圖解》、《中央電視臺體育頻道 42 集體育教學系列片──排球》等著作。1989 年獲霍英東高校青年教師獎，1994 年被評爲北京高校（青年）學科帶頭人，1996 年獲教育部全國高校「十佳」優秀青年體育教師，1998 年被評爲體育總局優秀中青年學術技術帶頭人。1998 年獲國務院政府特殊津貼，2002 年獲教育部第四屆青年教師獎。

作者簡介

蘇麗敏

　　北京體育大學出版社副編審。1960 年出生，浙江人，畢業於北京體育大學。歷任中國農業大學體育部副主任、黨支部書記，《中國學校體育》雜誌編輯、記者，北京體育大學出版社辦公室主任等職。現任北京體育大學出版社圖書音像發行部主任。

　　著有《全國農業院校體育課教材──排球》、《學生體育知識叢書──曲棍球》、《足跡》等書和《跟我學排球》等 VCD。完成國家青年重點課題──《奧林匹克運動對中國近、現代學校體育的影響》等課題的研究。先後在《中國學校體育》、《北京體育大學學報》、《人民教育》、《中國教育報》等報刊上發表學術論文 10 餘篇。

目　錄

第

排球技術概述

1

章

排球基本技術是指運動員在比賽規則允許的條件下採用合理的擊球動作和配合動作（準備姿勢、移動）的總稱，它是排球運動的基礎和重要組成部分。

排球技術有兩種：一種是有球技術，包括傳球、墊球、扣球、發球和攔網；另一種是無球技術，包括準備姿勢、移動、起跳及各種掩護動作等。

排球基本技術主要由步法和手法兩部分組成。步法指腳步移動、起跳和腳擊球動作；手法指各種擊球和控制球的動作。移動迅速準確，起跳合適及時，能保持好人與球的合理位置關係，為充分發揮手法作用創造良好的條件；熟練準確的手法，又可彌補步法的不足。因此，步法與手法都要重視，才能提高排球技術運用的效果。

一、排球技術的特點

1. 完成各種技術動作的時間短促。
2. 各種技術動作都是球在空中飛行時完成。
3. 大多技術具有攻防兩重性，如攔網、傳球、墊球。
4. 身體各部位都能觸球。
5. 所有技術都可能得分或失分。

二、排球技術的分類

排球的基本技術有多種分類方法，本書以排球比賽過程中各項技術出現的先後次序為依據，將排球基本技術劃分為：

排球基本技術分類示意圖

排球基本技術

發　球　　接發球　　傳　球　　扣　球　　攔　網　　防　守

　　以上六項基本技術在細分之下又可以分出更多更複雜的技術。不過，這些技術是在充分掌握了排球的基本技術之後變化出來的，因此，一般來說，初學者不要急於訓練排球的全部技術，而應首先學習準備姿勢和移動，熟練掌握各種移動步法，然後學習傳球、墊球技術，再學習發球技術。學習了傳、墊、發球技術之後，就可以進行簡單的比賽。在此基礎上學習扣球、攔網技術，便可組織簡單的進攻和防守技術。

三、首先從熟悉球性開始

打排球首先應從熟悉球性開始。如果對球不熟悉，沒有感覺，會感到飛來的球如同石頭一樣可怕。存在這種畏懼心理的初學者，其球技很難提高。

要想成為一名優秀的排球運動員，首先要從熟悉排球的速度、大小、形狀及重量等開始，培養良好的球感，為以後的進一步學習和訓練打下堅實的基礎。

（一）培養良好的球感

1.穿襠背後扔球

雙手持球，兩腳開立，上體儘可能前壓，雙手將球從襠下越過背部扔出。扔球時多用手腕動作。

2.單手對牆扔球

單手持球於肩後上方，將球扔向 5 公尺以外的牆下部，待球反彈回來後接住球繼續進行。扔球時，注意高點扔出，手腕控制好出球方向。

3.原地起跳接空中球

　　把球垂直地拋向自己頭部的前上方約 2 公尺高,然後原地起跳在空中將球接住。起跳時,注意手腳配合協調。起跳時機是球下落瞬間,切忌過早或過晚。

4.騰空背向扔球

雙手持球,半蹲後用力起跳,起跳後身體呈反弓,將球從頭前上方向後扔出。扔球時,肩和肘做後伸動作,盡量直臂進行。

5.體側屈傳遞球

雙手持球,手臂伸直。上體盡量側屈,同伴用同樣姿勢接球,連續進行若干次後,換一個方向再繼續進行。

6.轉體傳遞球

　　兩人背對背站立，相距為兩人手臂的長度。持球人左轉體遞球，接球人右轉體接球，然後按反方向進行遞傳。傳球時，手臂盡量水平擺動，腳跟不要離開地面。

7.原地拍排球

　　用雙手連續拍，拍球時十指自然張開，成半球狀，十指與球吻合，控制手腕用力，儘可能用肘部發力拍球，膝關節應隨球上下而有屈伸動作。球起膝伸，球落膝屈，節奏明快。

8.單人投球練習

　　向上投球時，可以運用上手或下手，並可做90度、180度旋轉將球投出。同時可以前後、左右敏捷地移動投球。將球投出後，迅速移動至球的正面，將球接住。

向上投球　　　　　　　　　旋身並向上投球

移動向後投

抛球後迅速移動至球的正面接球

轉身拋接球

9.兩人以上相對進行投球練習

可以用雙手或單手將球投出及接球，可以練習在各個位置（前後左右）上接球後投出，投球時可以採用各種形式如反手投球、轉身投球等。

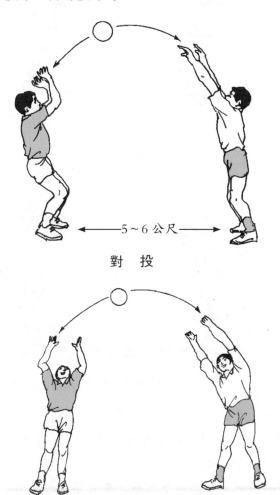

對　投

側身對投

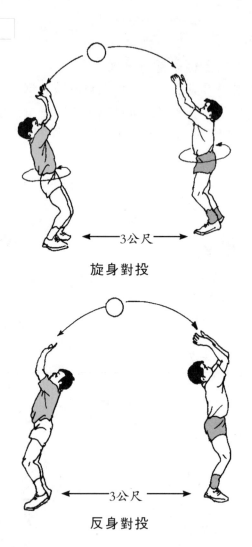

旋身對投

反身對投

【要點】

　①可以用單手或雙手投球，投球時身體各部分應保持柔軟，並利用手腕發力。

　②注意不可使用手掌部分，只可用手指用力。

　③練習時可配合前後左右步法來練習。

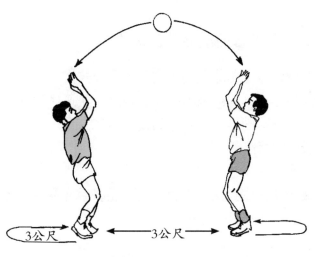

3公尺　　3公尺

跑動式對投

跑動式移位對投

（二）培養連續擊球的能力

連續擊球是排球運動中的一項重要技術能力。連續擊球的關鍵是準確判斷來球的運動路線，快速移動到位，運用正確的擊球動作，控制最適當的擊球力量，讓球沿著自己所設想的路線飛行。

1.移　動

敏捷地移位到球的正面，儘可能將手臂舉至方便擊球的位置上，從身體的正面將球打出。

2.引　球

當球下降時，應順著球勢，把球引到最合適的擊球位置。

3.擊　球

擊球要果斷，注意控制力量和角度。擊球的手法也很重要，但關鍵的是擊球後球的飛行路線和落點要明確。

4.練習方法

（1）面對牆壁，用雙手或單手將球打向牆壁。同時可以有意改變球向，令其左右移動，從各種不同的角度進行練習。

（2）引球後擊球。當球打來時，應立即移位到球的正面，然後適當地彎曲身體，並在較低的位置將球打出。將球引過來再打出去，這在改變球的速度上很有幫助。

（3）托球後擊球。先將球托起，然後在球落下之前，跳起在空中，由球的正面將球打出。托球手的移動、托球和打球這三個動作，為了避免時間性混亂，在進行時心中可默念：「1－移動、2－托球、3－打球。」

第 *1* 章　排球技術概述

【要點】

①擊球點要正確，只有對正球的中心大力擊球，球才能打得最遠。

②把球打到預定的位置上就行，不要用力太大，以免過分消耗體力。

把球打得儘可能遠的關鍵並不
僅僅是力量，擊球點也很重要

（4）像打網球一樣，兩人面對面站立，連續擊打 50次以上。也可以多人練習。

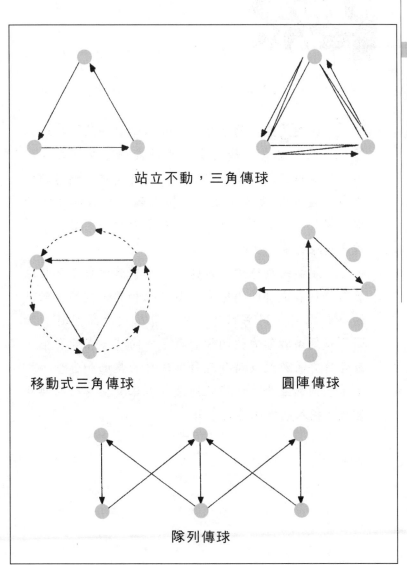

站立不動，三角傳球

移動式三角傳球　　　　　圓陣傳球

隊列傳球

小　結

　　「興趣是最好的老師。」知識學習如此，排球訓練也如此。通常，廣大青少年朋友都是在家長、教師、親戚朋友的感染和影響下，對充滿神奇魅力的排球運動產生了興趣，並積極投入到了排球初級訓練中。因此，初級排球教練員應把鞏固興趣、激發活力作為訓練的重要目標。

　　在最初的訓練中，好勝心、榮譽感會激發年輕球員對勝利和成功的渴望。在多樣化和趣味性的活動性遊戲和比賽達到高潮時，教練員應該大聲叫好和加油，以創造輕鬆愉快的練習氣氛。同時，在練習中，教練員要善於並及時發現每個球員的長處和進步，並給予表揚和鼓勵。這樣才能使年輕球員把自己的興趣儘快地投入到排球運動中來。

第 準備姿勢和移動

2

章

準備姿勢與移動是排球基本技術之一，屬於無球技術，是完成發球、墊球、傳球、扣球和攔網等各項有球技術的前提和基礎，並對各項有球技術的運用起串連和紐帶作用。準備姿勢和移動是相輔相成的，準備姿勢主要是為了移動，而要快速移動，又必須先做好準備姿勢。

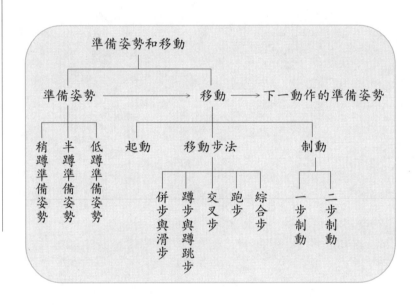

一、準備姿勢

為了便於完成各種技術動作而採取的合理的身體姿勢稱為準備姿勢。合理的準備姿勢是指，既要使身體重心處於相對穩定的狀態，又要便於移動和完成各種擊球動作，為迅速起動、快速移動及擊球創造最好的條件。為完成某項有球技術之前的準備姿勢，稱為專項技術準備姿勢，例

如攔網、發球、傳球等都採用不同的準備姿勢。

在比賽中，應該時刻準備傳接球，同時應該有隨時協助隊友的準備。為了能敏捷快速地移動到球的正前面，與球保持合理的位置，準備姿勢最好像貓發現了老鼠一樣：身體保持向前傾，雙目敏銳地注視著目標，將精神集中在球上；兩腳張開微展，降低身體的重心，雙手的高度齊腰，為及時起跳、倒地和各種擊球動作做好準備。

按照身體重心的高低，準備姿勢可分為半蹲準備姿勢、稍蹲準備姿勢和低蹲準備姿勢三種。

（一）半蹲準備姿勢

兩腳左右開立稍比肩寬，一腳稍前，兩腳尖稍內收，腳跟稍提起。膝關節保持一定的彎曲，膝關節的投影在腳尖前面，上體前傾，重心靠前。兩臂放鬆自然彎曲，雙手置於腹前。全身肌肉適當放鬆，兩眼注視來球，兩腿始終保持微動。

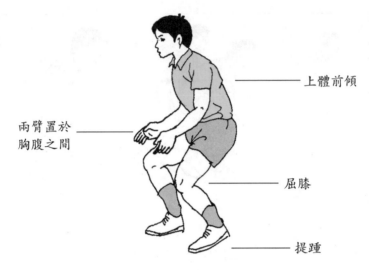

上體前傾

兩臂置於
胸腹之間

屈膝

提踵

半蹲準備姿勢側面圖

含胸收腹

兩腳保持微動

半蹲準備姿勢正面圖

【要點】

①腳跟稍提起，膝關節保持一定彎曲，便於向各個方向及時蹬地起動，便於預先拉長伸膝肌群、增大移動時的向後蹬力量，也便於及時起跳、下蹲和倒地。

②上體前傾，有利於向前或側前移動；兩臂置於胸腹之間，有利於移動時的擺臂和隨時伸臂做各種擊球動作。

③肌肉保持適度緊張比肌肉放鬆和過度緊張更有利於起動。兩腳保持微動，使神經系統處於適當的興奮狀態，有助於肌肉的快速收縮和克服靜止的慣性。

④隊員根據所防守位置的不同，其準備姿勢、兩腳站立方法也有所不同。左半場區應左腳站在前面，身體稍右轉，右半場區應使右腳站在前面，身體稍左轉。

（二）稍蹲準備姿勢

稍蹲準備姿勢比半蹲準備姿勢重心稍高，動作方法相同，一般用於扣球助跑前或對方正在組織進攻時，需快速起動的場合。

稍蹲準備姿勢膝關節彎曲程度減小，重心升高

（三）低蹲準備姿勢

低蹲準備姿勢比半蹲準備姿勢的身體重心更低、更靠前，兩腳左右、前後的距離更寬一些，膝部彎曲程度更大一些；肩部投影過膝，膝部投影過腳尖，手置於胸腹之間。低蹲姿勢主要用於防守和接攔回球等。

準備姿勢

雙腳一前一後的張開，
雙手的放置的闊度與腰
部齊併張開

屈兩膝，上身向
前傾，注視對方

【要點】

①稍蹲準備姿勢一般用於扣球助跑之前、對方正在組織進攻不需要快速反應起動的時候。

②半蹲準備姿勢多用於接發球、攔網和各種傳球。

③低蹲準備姿勢主要用於防守和各種保護動作時，由於重心低，便於倒地和插入球下，防守低遠球。

二、移　動

從起動到制動的過程為移動。移動的目的主要是及時接近球，保持好人與球的位置關係，以便擊球。迅速地移動可占據場上的有利位置，爭取時間和空間。隊員能否及時移動到位，直接影響著技戰術的質量。移動是由起動、移動步法和制動三個環節所組成。

（一）起　動

起動是移動發力的開始，它的快慢是移動的關鍵，起動的速度取決於正確的準備姿勢、反應能力和腰腿部的速度力量。在排球比賽中，應根據場上的情況，採取不同的準備姿勢，以利於隨時改變移動方向和迅速移動。

【要點】

①根據場上的情況，採取不同的準備姿勢。身體重心越高，穩定性就越小，起動越快。

②起動的力學原理是破壞平衡。當人體向前抬腿，身體失去平衡而前傾，達到了起動的目的。收腹和上體前

傾，有利於身體重心的前移和降低，從而使蹬地角減小，
增大了後蹬的水平分力，達到快速起動的目的。

　③起動時的主要動力來源於蹬地腿的肌肉爆發式的收
縮，蹬地腿預先拉長的肌肉爆發力越大，起動就越快。

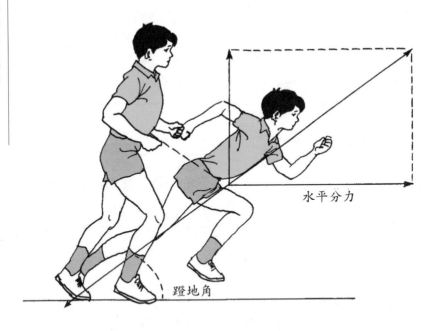

水平分力

蹬地角

　　在正確的準備姿勢基礎上，以前腿爲支撐，同時收
腹使上體向前傾斜，後腿迅速用力蹬地向前邁出，使整
個身體急速上前起動。

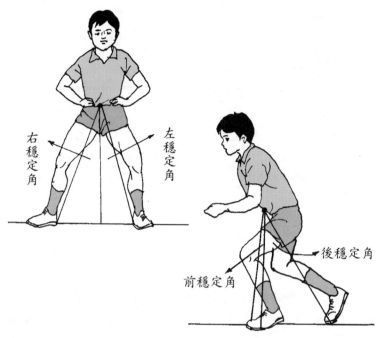

右穩定角

左穩定角

後穩定角

前穩定角

　　穩定性取決於重心高度和重心在支撐面上的投影點距支撐面相應邊界的距離。起動方向上的穩定角越大，起動越慢；穩定角越小，起動越快。

（二）移動的基本步法

1. 併步與滑步

　　當來球距身體一步左右時，可採用併步移動，如向前移動時，則後腿蹬地，前腳向來球方向跨出一步，後腿迅速跟上做好擊球準備。當球在體側稍遠時，併步不能直接近球時，可快速連續併步，連續的併步即滑步。

滑　步

2.跑　步

　　球離身體較遠時需用跑步，採用跑步移動時，兩臂要配合擺動，根據來球的方向，邊跑邊轉身，並逐漸降低重心，保持好擊球準備。

　　起跑的步頻要快，步幅應由小到大。轉身跑步必須回頭看球。

3.交叉步

　　以向右交叉步為例。上體稍向右轉，左腳從右腳前面向右交叉邁出一步，然後右腳再向右跨出一大步，同時身體轉向來球方向，保持擊球前的姿勢。

交叉步

4.跨步和跨跳步

跨步比交叉步移動距離近，便於接 1～2 公尺處低球。移動時步幅較大，身體重心較低，如向前移動，則後腳用力蹬地，前腳向前跨出一大步，膝部彎曲，上體前傾，身體重心移至前腿上，可以向前、向斜前或向側方。

跨步過程中有跳躍騰空即為跨跳步。

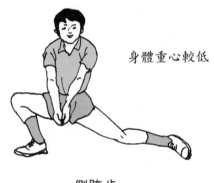

身體重心較低

側跨步

移動時步幅較大

前跨步

5.綜合步

以上各種步法的綜合運用。

【要點】

　　併步的特點是容易保持平衡，便於做各種擊球動作，主要用於傳、墊球和攔網；跨步適用來球較低、離身體1~2公尺左右墊擊時使用；滑步適用於來球較遠、使用併步不能接近球時使用；當來球距體側3公尺左右時，可採用交叉步，其特點是步子大、動作快、制動強，主要用於二傳、攔網和防守；球距身體更遠時，可採用跑步。

（三）制 動

　　制動是移動的結束，也是擊球動作的開始。在快速移動後，為了保持穩定的擊球姿勢，必須經過制動，克服身體移動的慣性，以便於完成下一個擊球動作。

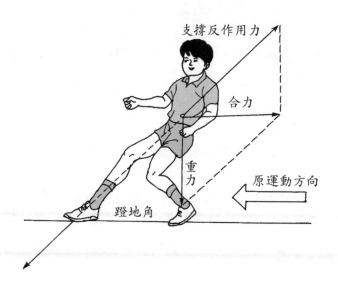

制動與起動是完全相反的過程。制動時,最後跨出一大步,跨出腳蹬地,從而獲得一個地面對人體的支□反作用力。其與重力形成的合力的方向與人體運動方向相反,從而使身體運動速度減慢,直到停下來。

影響制動快慢的因素有兩個:一是支撐反作用力的大小。支撐反作用力越大,制動越快;二是支撐反作用力與地面的夾角的大小。夾角越小制動越快。排球運動中往往可以利用重心下降、上體後仰等來減小其夾角。

常用的制動方法主要有兩種,即一步制動法和兩步制動法。

1.一步制動法

一步制動時,在移動最後跨出一大步,同時降低重心,膝部和腳尖適當內轉,全腳掌橫向蹬地,以抵住身體重心繼續移動的慣性力,並以腰腹力量控制上體,使身體重心的垂直線停落在腳的支撐面以內。

2.兩步制動法

即以最後第二步開始做第一次制動,緊接著跨出最後一步做第二次制動。

【要點】

①制動步應跨大,膝部、腳尖要內轉。

②兩膝彎曲,重心降低,上體後傾。

③一步制動法多在短距離移動之後,前衝力不大時採用;兩步制動法多在快速移動之後,前衝力較大時使用。

三、準備姿勢和移動的運用

對於廣大初學者來說，應首先學習最基本的半蹲準備姿勢，然後學習稍蹲和低蹲準備姿勢。按照併步、跨步和交叉步的順序學習移動，同時了解並掌握滑步、跑步和綜合步法。對於初級教練員來說，準備姿勢和移動的教學應同步進行。

在準備姿勢和移動的教學訓練中，初學者易犯錯誤及其糾正方法如下：

	易犯錯誤	糾正方法
準備姿勢	有意提腳跟	講清腳跟提起是腰、膝、踝彎曲所引起的自然動作的道理
	全腳掌著地直腿彎腰	提示提腳跟，使其兩腳前後略分大些多做低姿勢移動輔助練習
	臀部後坐	講清重心靠前的道理，使雙膝投影超過腳尖
移動	起動慢	做起動輔助練習，如各種姿勢下的起跑
	移動時身體起伏大，重心過高	講清道理，多做穿過網下的往返移動
	制動不好，制動後不能保持準備姿勢	腳和膝內扣，最後一步稍大

1.接身前低球的步法

當球在身體的前面緩慢而且較低的位置飛來時，必須立即從基本姿勢降低身體的重心，同時將一腳彎曲在臀部之下，上身向前飛撲，使球的高度和胸部的高度相等，然後合手將球向上傳出。

接身前低球應儘可能採用上手傳球將球傳出。

①由基本姿勢降低重心面向前方，右腳跨一大步幫助上步，同時將重心降到球下。

③運用手肘、膝
和腰的伸張力及手腕
的發力將球傳出。

②左腳踏出，右
腿彎曲，用趾尖觸地
板，把球引到面部的
前上方。

2.用跳躍法處理高球

處理高球一般採用跳躍法。這種方法需要有敏捷的身手，以配合時間跳躍到最高點處理球。

跳躍傳球

3.向側面移動的方法

（1）跑　步

由於來球距離較遠，所以採用快速轉身跑的方法。

轉身衝向來
球，在球的落點
稍後處停步

準備姿勢

用左腳跨出交叉步止步

以左腳作軸心轉向，面對來球，準備好較低的接球姿勢

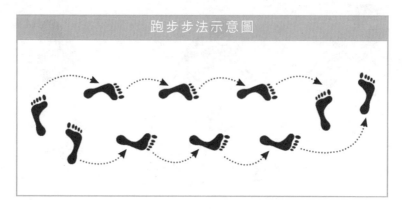

跑步步法示意圖

第 2 章 準備姿勢和移動

（2）交叉步法

多用在接球、傳球、墊球和攔網時，身體保持原來正面方向，利用兩步交叉法移位，最後的一步交叉步可用來止步。

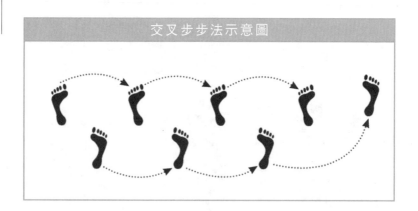

交叉步步法示意圖

（3）併步法

多用於向側面移動，身體的方向保持原來的方向，兩腳用較小的步子向側面移動，最後止步，需要用交叉步。

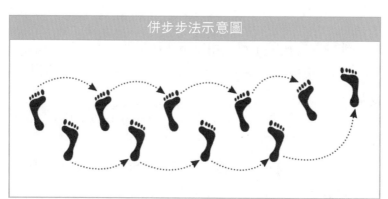

併步步法示意圖

併步式交叉步快速移位後上手傳球

　　眼睛注視來球，右腳跨步或交叉步移動位置，最後左腳跨
一步，從兩手之間的空隙觀察來球，降低速度及用右腳上步。

4.向後移動的方法

球飛往身後時，可使用以下 3 種步法：

（1）後退法。退到球的下面，一般在稍後退的情況下使用。

（2）側身法。用交叉步移位，應付側後的來球時使用。

（3）向來球的方向跑，進入合適擊球範圍停步，應付更後的來球時使用。

如移動後尚有時間時，則可以右轉身，面對傳球的方向傳球；如若沒有轉身的時間，則可背向球反身回球。

跑步追球時，眼睛要盯著球，步幅要大，步頻要快

小 結

準備姿勢是為了便於完成各種技術動作及快速移動而採取的合理的身體姿勢。合理的身體姿勢是指既要使身體重心處於相對穩定狀態，又要便於移動和完成各種擊球動作，為迅速起動、快速移動及擊球創造最好條件。

移動的目的主要是及時接近球，保持好人與球的距離和位置，以便擊球。迅速的移動可以占據場上有利位置，爭取時間和空間。隊員能否及時移動到位，直接影響技戰術的質量。

在比賽中，應根據場上的具體情況，採用不同的準備姿勢，這樣有利於隨時改變移動方向和迅速移動。

訓練日記

第 發球技術

3

章

發球是一場比賽的開始，也是進攻的手段。攻擊性發球，不僅可以直接得分，而且可以破壞對方的進攻，造成對方情緒上的波動、陣腳上的混亂、士氣上的低落、局面上的被動，從而減輕本方的攔防壓力，為反攻得分創造有利的條件。此外，本隊發球攻擊性強、發球的方法多樣，在訓練發球與接發球的對抗練習中，可以促進隊員接發球技術的提高。

發球技術是排球比賽中唯一不需同伴配合，不受對方干擾的自我完成動作。在排球比賽中，發球者根據要達到的目的及掌握技術的熟練程度，可以自行決定發球方式、站位地點、發球速度、發球弧度、發球力量和球的落點。同時，由於發球失誤就意味著失分，因而發球容易受心理因素的影響。而優柔寡斷，缺乏信心，往往使技術變形，造成不應有的失誤。因此，運動員不僅需要熟練掌握一種或幾種符合自己條件和特點的發球技術，運用發球戰術得當，還需要排除不良心理因素的影響，堅定發球信心，才能發出有攻擊性的球，達到預期的發球目的。

當然，一般來說，發球攻擊性愈大，失誤的可能性也愈大，所以，如何把球發得又準又狠，是練習發球要解決的主要矛盾。

發球技術從站位方式來區分有正面發球、側面發球；從性能來區分有飄球、旋轉球；從擊球揮臂來區分有上手發球、下手發球。但其主要常用技術有：上手飄球、勾手飄球、上手大力發球、跳發球、下手發球等。

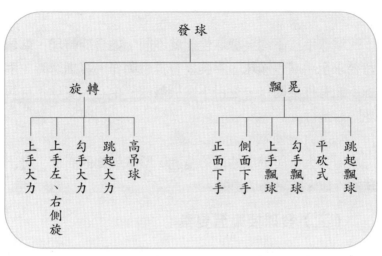

```
                          發　球
                            │
          ┌─────────────────┴─────────────────┐
        旋　轉                              飄　晃
    ┌───┬───┬───┬───┐          ┌───┬───┬───┬───┬───┐
  上  上  勾  跳  高          正  側  上  勾  平  跳
  手  手  手  起  吊          面  面  手  手  砍  起
  大  左  大  大  球          下  下  飄  飄  式  飄
  力  、  力  力              手  手  球  球      球
      右
      側
      旋
```

一、發球技術要領

不論採用哪種發球，其技術動作過程都是相同的：站位和持球準備———拋球和擊球前的擺臂———全身發力和揮臂軌跡———擊球手型、擊球點、擊球部位———擊球後的動作。當然這些動作是在瞬間連貫完成的。

（一）發球技術要點

1.拋球要穩
將球平穩地向上拋起，每次拋球高度應基本固定。

2.擊球要準
要以正確的手型擊中球體的相應部位，使作用力方向和所要發球的飛行方向相一致。

3.手法要正確

擊球手法不同，發球性能就不同。如發旋轉球，擊球時要求全手掌包滿球，手腕要有推壓動作。發飄球時，手腕不能有推壓動作，要用手掌根擊球的中心，使球不旋轉地向前飛行。

4.用力要適當

用力大小與發球站位的遠近、擊球弧度的高低，發出球的性能、落點密切相關。

（二）發球技術五要素

1.站位距離固定

不論是選定何種距離的發球，如近、中、遠距離，在每次發球時都必須站在相同的距離底線的位置上，這樣，發球時只需考慮發出球角度的變化。

2.拋球動作固定

每次拋球要力求固定在自己揮臂的軌跡上，即在球下降時能將球擊出。

3.揮臂軌跡固定

揮臂軌跡指手臂在揮動中的運行路線。發飄球揮臂路線是向前直揮，發旋轉球則是弧形向前揮擊。

4.擊球手型固定

發不同的球所採用的手型是不一樣的，但每次發球手型都應固定。如發飄球要用手掌的堅硬平面擊球，發旋轉球則要甩腕推壓。

5.擊球部位固定

發不同性能球，必須擊準球的相應部位才能使作用力

通過球體產生相應的效應。

　　總之，要想發好球，必須注意上述「五固定」的要求，並考慮力量、速度、飄度、落點、變化等因素，同時將之與準確性、靈活性、多樣性和獨特性結合起來。

　　發球時應根據比賽中的具體情況，或需穩定，或需凶狠，或需找人、找區，或控制發球落點，靈活地運用各種發球技術，用相應動作發出不同性能的球。

二、正面下手發球

正面下手發球是正面對網，手臂由後下方向前擺動，在腹前將球擊入對方場區的一種發球方法。

下手發球在高水準隊比賽中已不多見，但其動作簡單，容易掌握，準確性高的特點，使它不僅是初學者常用的發球方法，也是教練員訓練時拋、供球的一種手段。

1.準備姿勢

面對球網，兩腳前後開立，左腳在前，兩膝微屈，上體稍前傾，重心偏後腳，左手持球於腹前。

2.拋　　球

左手將球輕輕拋起在體前右側，離手高約 20 公分。在拋球之前，右臂伸直，以肩為軸向後擺動。

3.擊　　球

借右腳蹬地力量，身體重心隨著右手向前擺動擊球而移至前腳上，在腹前以全手掌擊球的後下方，隨著擊球動作重心前移，迅速入場。

【要點】

「一低、二直、三跟進」。即拋球的高度宜低；揮臂擊球時手臂要伸直；身體重心隨向前擺臂而跟進前移，並順勢入場。

正面下手發球

準備　　　　　　　右臂後擺　　　　　　　拋球

直臂擊球　　　　　　　　　人隨球入場

三、側面下手發球

側面下手發球是側對網站立，轉體帶動手臂由體側後下方向前揮動，在體前肩以下的高度擊球過網的一種發球方法。

這種發球，可借助轉體力量帶動手臂揮動擊球，比較省力，但攻擊性不強，一般適用於初學的女生。

1.準備姿勢

左肩對網，兩腳左右開立，約與肩寬，兩膝微屈，上體稍前傾，重心落在兩腳間，左手持球於腹前。

2.拋　球

左手持球平衡拋至胸前，距身體約一臂遠。

3.擊　球

在拋球的同時，右臂擺至右側下方，接著利用右腳蹬地向右轉體的力量，帶動右臂向前上方擺動，在腹前用全手掌擊球的右下方，擊球後順勢使重心前移，迅速進場。

準備　　　　　　　拋球

側面下手發球

入場

擊球

【要點】

腹前低拋球，轉體帶擺臂，擊球後下部、身體轉向網。

四、正面上手發球

這種發球由於正面對球網站立，便於觀察，發球的準確性較高，並能充分利用蹬地、轉體、收腹帶動手臂加速揮動，以及運用手指手腕的推壓動作，故可以加大發球的力量和速度，同時使球呈上旋，不易出界。

1.準備姿勢

面對球網站立，兩腳自然開立，左腳在前，左手持球於體前。

2.拋　球

左手將球平穩地垂直拋於右肩的前上方，高度適中，拋球的同時，右臂抬起，並屈肘後引，肘與肩平行，手掌自然張開，上體稍向右側轉動，抬頭、挺胸、展腹，身體重心移至右腳上。

3.擊　球

擊球時，利用蹬地上體向左轉動，迅速收腹帶動手臂向前上方揮動，伸直手臂在右肩前上方的最高點，用全手掌擊球的後中部。

用全掌擊球後中部

【要點】

平托拋球不拖腕，垂直上拋1公尺後，轉體收腹帶揮臂，弧形鞭打加速，全掌擊球中下部，手腕包擊推壓球上旋。

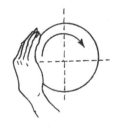

手腕包擊推壓球上旋

正面上手發球

揮臂擊球

拋球

準備

助跑正面上手發球

　　為了加強發球的力量和攻擊性，還可採用一步、兩步或多步的助跑發球方法。

五、勾手大力發球（勾手大力發上旋球）

即採用勾手發球的形式，充分運用全身的爆發力，發出力量大、速度快、弧度低、旋轉強的球。

1.準備姿勢

用勾手發飄球，身體側對球網，兩腳自然開立，兩膝彎屈，上體前傾，左手（或雙手）持球於胸前。

2.拋球與擺臂

左手（或雙手）將球平穩拋在左肩前上方，球離手約1公尺左右。在拋球同時，兩腿彎曲，上體須向右傾斜，身體重心移向右腳，右臂向身體右側後下方擺動，同時挺胸抬頭，兩眼注視球體。用勾手發飄球，由於擊球擺臂動作幅度較大，拋球要比勾手飄球稍高，約1公尺。

3.擊　球

擊球時，利用右腳蹬地轉體動作發力，帶動右臂做直臂弧形揮動。同時身體重心由右腳移至左腳。手臂在伸直的最高點，右肩的前上方擊球。手指手腕主動用力包住球，以全手掌擊球的中下部，並用力屈腕推壓球，使球產生強烈的上旋。擊球後，順勢轉體面向球網，並迅速進場。

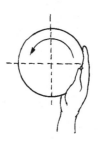

【要點】

拋球平穩離手1公尺，蹬腿轉體帶動揮臂，弧形揮擺手加速，高點擊球手腕推壓。

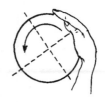

勾手大力發球

拋球

擊球

準備

進場

為了加強勾手大力發球的攻擊性，還可採用助跑勾手大力發球。

助跑勾手大力發球

旋轉球技術

在空中旋轉飛行的球稱為旋轉球。如果球體本身做上旋轉動，則會帶動球上部的空氣向前流動，與向後流動的空氣相抵觸，使球上部空氣流速減小，而壓力增大；而球的上旋轉動，帶動球下部的空氣向後流動，與向後流動的空氣方向相同，使球下部的空氣流速增加，而壓力減小。這樣，由於球上部壓力大，下部壓力小，球在飛行中很快就被壓下來，形成了下降拋物線的軌跡。旋轉越快，下降的速度就越快。同理，下旋球向上飛，側旋球向側傾。

要發上旋球，則必須使作用力的方向通過球體的上半部，同時利用手腕推壓作用。

當作用力通過球的下半部時，擊出的球，就會下旋飛行。

同理，當作用力通過球的右（左）半部時，就可以發出右旋球（左旋球）。

六、正面上手發飄球

這種發球不旋轉，發出的球不規則地向前飄晃飛行，使接發球隊員難以判斷球的飛行路線和落點，成功率高，攻擊性強，在各種比賽中普遍採用。

1.準備姿勢

同正面上手發球。

2.拋　　球

同正面上手發球。但拋球的高度稍低並靠前。

3.揮臂擊球

右腳蹬地，上體向左轉動發力，帶動手臂揮動。揮動時手臂伸直，在右肩的左上方，用掌根擊球的中下部，身體重心隨之從右腳過渡到左腳。在擊球前，突然加速揮臂，手的揮動軌跡保持一段直線運動。擊球瞬間，五指併攏，手腕後仰，並保持緊張，用掌根平面擊球的後中下部。擊球結束，手臂揮動有突停動作。擊球後，迅速進場比賽。

【要點】

拋球稍前又稍低，揮臂力量穿球心，掌根擊球不屈腕，擊後突停球易飄。

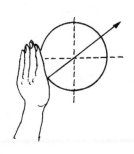

擊球後中下部，作用力通過球心

正面上手發飄球

拋球

臂球通重
揮擊力體
直線促用心
短作球
過球

準備

擊球後手
臂揮動有
突停動作

飄球技術

發球擊出球後，球體在空中飛行中不產生旋轉而又左右搖擺不定或突然產生下沉的球，稱為飄球。飄球的運動軌跡類似周期擺動，或是以突然失速下沉的方式運動，而不是完全沿抛物線軌跡運動。

要發飄球，關鍵在於擊球的作用力要通過球體重心（或中心）。只有作用力通過球體的中心，球才有可能不旋轉，而只有不旋轉的球，才有可能飄得起來，要想使球飄，在用力擊球的方法上必須有突擊突停的動作。

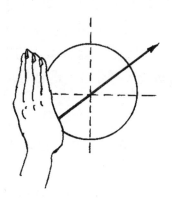

擊球時，手掌高度緊張，用掌根擊球的後中下部，可使球體迅速脫離擊球手，縮短手對球的作用時間，從而使球產生較大變形，更易飄晃。

七、側面勾手飄球

與正面上手發飄球動作相同，但是側對網站立，利用勾手的形式。這種方法較多地借助下肢和腰部力量，比較適合遠距離發球。

1.準備姿勢

體側對網，兩腳自然開立，左手持球於胸前。

2.拋球與擺臂

在拋球的同時，右臂向右側下方擺動，上體順勢向右傾斜和轉動，身體重心落在右腳上。左手採用托送動作，將球平穩地拋在左肩前上方，約一臂的高度。

3.揮臂擊球

擊球時，右腳蹬地上體向左轉動發力，帶動手臂揮動。揮動時，手臂伸直，手腕保持緊張，以掌根的堅硬平面，或以半握拳，拇指根等部分擊球的中下部。觸球後，手臂揮動有突停動作。擊球後，迅速進場。

【要點】

拋球不宜高，轉體帶揮臂；擊球不屈腕，力量穿球心。

側面勾手飄球

準備

拋球

揮臂擊球

八、跳發球

跳發球是利用助跑起跳在空中擊球的一種發球方法。
這種發球可提高擊球點，加大發球力量，增強發球的攻擊
性。

1.準備姿勢

隊員面對球網，距端線 3～4 公尺處站立。

2.拋　球

以右手或雙手持球於體前做準備。

3.助跑起跳

拋球的同時向前助跑（二步或三步）起跳，同時，兩
臂要協調擺動，擺幅要大。

4.揮臂擊球

揮臂動作似正面上手發球。擊球時，利用收腹轉體動
作帶動手臂揮動，在身體升至最高點時以全手掌擊球的中
下部，擊球時，手腕要有推壓的動作。

5.落　地

擊球後，雙腳落地，兩膝順勢彎屈緩衝，迅速入場。

【要點】

①採用助跑起跳，不但使身體獲得了一定的水平方向
初速度，增強了擊球力量，同時也提高了擊球點，降低了
球的飛行軌跡的弧度，使球更具有威脅性。

②擊球的後中部，是因爲跳發球的擊球點高，在保證
過網的前提下，壓低球的飛行弧度，加大威力。

跳發球

抛球　　　　　　　　　　　　　　　　　助跑起跳

注意人球關係　　腰腹發力　　　　　　包擊推壓

九、發高吊球

這種發球高度高，下降加速快，球旋轉，具有一定攻擊性。因易受光線和風力影響，故適合在室外或在空間較高的比賽中用。

1.準備姿勢

右肩對網，兩腳開立與肩同寬，左腳稍站前，兩膝微屈，上體稍前傾，重心落於右腳上。

2.抛　球

左手將球抛在右肩前方，離身約一臂之距，垂直起落為宜。

3.擊　球

在抛球同時，右臂向後下方擺動。然後借助蹬地展腹動作，右臂猛烈向上揮動。擊球前瞬間，突然屈肘，使小臂加帶向上提起，在腹前高展用虎口擊球的下部偏左的部位，使球帶有上旋地向右側上方飛起。擊球後，迅速轉身入場。

【要點】

①低抛球，使球在身前一臂之遠的地方下落。

②在抛球的同時後擺臂，然後借助蹬地展腹，擺動臂猛烈向上揮動。

③擊球前屈肘以加大前臂揮動速度，以虎口擊球的下部偏左處，使球在旋轉中高高上升。

發高吊球

　　這種發球常會使對方判斷錯誤，以為會出界的球仍留在場內，以為會打到球場端線的球卻剛過網就落下來，這種球雖有危險性，但由於不容易控制，運用得不好會弄巧成拙，因此不常採用。

十、發側旋球

是指發球隊員利用正面上手發球的不同擊球手法，使發出的球產生向左側或右側強烈旋轉的一種發球方法。特點是球發出後，改變了正常的飛行軌跡，向某一側面偏拐。

1.準備姿勢

同正面上手發球。

2.揮臂動作

同正面上手發球。

3.擊　球

擊球時，以全手掌擊球的右（左）部，從右（左）向左（右）帶腕，做旋內（外）的動作，使球向左（右）側旋飛行。

十一、發球技術的教學與訓練

發球技術的種類很多，動作難易程度差別也很大，教學時應根據教學對象的不同水準和性別來選擇教學內容及確定教學的先後順序。同時，應將發旋轉球和發飄球技術的教學穿插進行，以便加深對發旋轉球和發飄球技術動作的理解。

常用發球技術的易犯錯誤及糾正方法如下：

	易犯錯誤	糾正方法
正面上手發球	擊球點偏前或偏後	找一高度位置合適的懸掛物，反覆向上拋球或設一圓圈使垂直上拋的球落入圈內
	轉體過大	擊固定球，徒手練習揮臂動作
	沒有推壓帶腕	對牆近距離發球，要求手包住球，使球旋轉
	全身協調用力不好	上手拋羽毛球或實心球，注意拋和揮的配合
勾手發飄球	拋球不准，偏高	一人立於高台上，一隻手置於適當高度，另一人在下邊拋球，球不得碰手
	弧線揮臂	講明擊球前手臂運動軌跡，擊固定球
	擊球點偏側偏下	徒手練習揮臂。面對牆或網，利用牆或網的平面做揮臂練習
上手發飄球	擊球不準揮臂動作不固定	距牆 5~6 公尺，用掌根輕擊球，徒手練習揮臂
	重心偏後，身體不協調	擊球前輕推發球者，使其體會向前跟重心。做徒手揮臂跟重心練習
跳發球	拋球偏前或偏後	練習拋球，使拋出的球適合自己的助跑起跳特點
	拋球與起跳配合不好	在後場區向對區自拋自扣

小　結

　　發球是比賽的開始，更是進攻的開始。

　　20 世紀 50 年代，各隊在比賽中主要採用勾手大力發球和正面上手發球技術，發出的球力量大，速度快。20 世紀 60 年代，各隊廣泛採用發飄球技術，由於發出的球飛行時飄晃，給接發球造成很大困難。20 世紀 70 年代發球技術沒有很大進展，但在發球技術運用上有很大提高，如採用相似的發球動作發出不同性能的球，發球找人、找區等。進入 20 世紀 80 年代後，優秀運動隊廣泛採用跳發球技術，給接發球帶來一定的威脅。

　　原先，發球區在端線外右側只有 3 公尺寬，而現在發球區在整個 9 公尺長的端線外，發球隊員可以在 9 公尺寬的發球區的任意一個地方發球，當然使發球有了更大的攻擊性。

　　目前，優秀排球運動員主要運用的是正面上手發球、跳發球及發各種飄球；下手發球大都被初學者採用；由於勾手大力發球失誤率較高，高吊球需要很高的空間，側旋球發好也不易，所以很少在比賽中出現。

第 4 章

墊球技術

　　墊球是排球技術中最簡單易學的一項基本技術，由手臂或身體其他部位的迎擊動作，使球以墊擊面反彈出去的擊球動作，稱之為墊球，隨著技術的不斷發展和提高，墊球技術和擊球手法越來越多樣化、合理化。

　　墊球主要用於接發球、接扣球、接攔回球，有時也用來組織進攻。接發球和接扣球是組織進攻的基礎，是比賽中爭取少失分，多得分，由被動轉為主動的重要技術。只有接球到位，才能組成各種快速跑動的集體進攻戰術，爭取空間，贏得時間，突破攔網。接球失誤不僅立即丟分，而且影響其他隊員的技術發揮，二傳得不到好球傳，扣手得不到好球扣，使全隊緊張、急躁、混亂。要使全隊心理穩定，接好球是重要條件。

　　墊球的動作結構簡單，兩臂一併，向上一抬，墊擊動作就算完成。但要做到墊穩、墊準，控制好落點就不是容易的事。它不僅要求臂、肘、肩、腕等部位的相互配合，而且要求移動靈活，取位正確，全身協調用力。因而要在比賽中熟練地將墊球運用於接發球和接扣球則有一定難度。同時，墊球是一項提高慢，消退快的技術，墊球水準的提高並非短期突擊所能奏效，但短期不練便有明顯的下降。為此，要經常保持一定時間和次數的訓練，特別是賽前更要加強訓練。

　　20 世紀 50 年代已出現了墊球動作，當時叫下手傳球，雖沒有引起足夠的重視和被普遍採用。20 世紀 60 年代初期，飄球技術普及，為了對付飄球，出現了前臂墊球的技術，使接發球和接扣球技術走上一個新階段，從此墊球被廣泛採用。隨著對接發球和接扣球技術要求的提高，墊球

技術也日趨多樣、合理，無論墊球動作還是擊球手法都在不斷發展。

墊球 ⎰ 按動作方法分 ⎰ 正面雙手墊球
跨步墊球
體側墊球
低姿墊球
背　墊
單手墊球
前撲墊球
側臥墊球
滾翻墊球
魚躍墊球
擋　球

按運用分類 ⎰ 接發球
接扣球
接攔回球
接其他球

一、正面雙手墊球

正面雙手墊球是雙手在腹前墊擊來球的一種墊球方法，是各種墊球技術的基礎，是最基本的墊球方法，適合於接各種發球、扣球和攔回球，在困難時也可以用來組織進攻。

（一）基本手型

正面雙手墊球的基本手型有抱拳式、疊掌式和互靠式，但無論採用那種手型都應該注意手腕下壓，兩臂外翻形成一個平面。

1.抱拳式

兩手掌根相靠，手指重疊，合掌互握，兩拇指平行前伸，手腕下壓。

2.互靠式

兩手腕部緊靠，兩手自然放鬆。

3.疊掌式

兩手掌根緊靠，兩手手指重疊，合掌互握，手腕稍向下壓，兩臂外翻形成一個平面。

抱拳式　　　　　疊掌式　　　　　互靠式

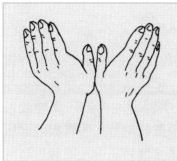

除上述三種墊球手型外，還有一種叫翹腕式，即兩手大拇指互靠翹腕，墊擊時用虎口處墊擊。這種墊球方法一般都是在來球低而急時運用。

（二）擊球部位

觸球部位不是在拇指上，而是在前臂腕關節上方約10公分的地方——兩臂橈骨內側形成的一個近似的平面，即戴手錶處，觸球面越寬，傳球的方向越穩定。

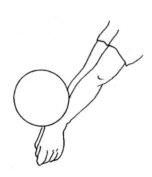

注意手腕下壓，兩臂外翻

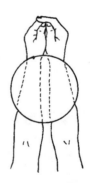

看準來球，兩臂夾緊前伸，擊球下部，使球向自己的方向旋轉。

（三）手臂角度

墊球手臂與地面所成的夾角，對控制球的方向、弧度、落點影響很大。一般來說，來球弧度高，手臂與地面的角度應小些；來球弧度平，手臂與地面的角度應該大些。如果墊出的球弧度較平，距離較遠時，手臂與地面所成的角度要大些；如果墊出的球弧度較高，距離較近時，夾角應小些。

此外，墊擊用力的大小與來球的力量成反比，與墊擊的目標距離成正比，注意手臂的反面必須對著出球方向。

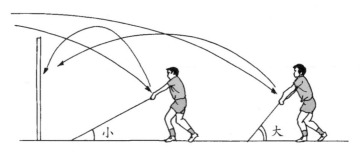

墊球的手臂角度

（四）基本分類

正面雙手墊球按來球力量大小可分為墊輕球、墊中等力量來球和墊重球。

1.墊輕球

採用半蹲準備姿勢，當球飛來時，雙手成墊球手型，手腕下壓，兩臂外翻形成一個平面，當球飛到腹前一臂距

離時，兩臂夾緊前伸，插到球下，向前上方蹬地抬臂，迎擊來球，利用腕關節以上 10 公分左右處的橈骨內側平面擊球的後下部，身體重心隨擊球動作前移。擊球點保持在腹前一臂距離。

2.墊中等力量來球

動作方法與墊輕球相同，由於來球有一定力量，因此擊球動作要小，速度要慢，手臂適當放鬆。

3.墊重球

要根據來球的高低和角度，採用半蹲或低蹲準備姿勢，擊球時採用含胸、收腹的動作，幫助手臂隨球屈肘後撤，適當放鬆，以緩衝來球力量。在撤臂緩衝的同時，用微小的小臂和手腕動作控制墊球方向和角度。

（五）技術圖解

1.準備姿勢

面對來球，成半蹲或稍蹲姿勢站立。

2.墊球動作

當球飛到腹前約一臂距離時，兩臂夾緊前伸，插入球下，向前下方蹬地抬臂，以全身協調動作迎向來球，身體重心隨擊球動作稍向前移。

3.擊球點

腹前高度。

4.擊球後動作

在擊球瞬間，兩臂要保持穩定，身體重心繼續向抬臂方向伴送球，使整個動作協調自然，動作結束後，立即做好下一個動作的準備。

移動取位

兩臂前伸到球下，
兩臂夾緊，掌根緊
靠，手腕下壓

隨球動作要
自然協調

蹬地抬臂，提肩
頂肘迎擊球

（六）技術分析

1.準備姿勢的高低應根據來球的高低、角度以及隊員腿部力量的大小來決定，在不影響快速起動的前提下，重心應適當降低，有利於雙手插到球下，同時也便於低墊高檔。

2.觸球部位在腕關節以上 10 公分左右的橈骨內側平面，因為該處面積大而平，肌肉富有彈性，可適度緩衝來球力量，起球比較穩、準。

3.擊球點保持在腹前一臂距離，便於控制用力大小、調整手臂擊球角度和控制球的落點及方向。

4.擊球的用力方法和大小應根據來球的力量、弧度不同而有所變化。

墊輕球時，主要靠手臂上抬力量，以增加反彈力，如果需要把球墊得較高、較遠，在適當加大抬臂動作的同時，還要靠蹬地、跟腰、提肩動作的協調配合。墊中等力量來球時，由於來球有一定力量，因此，迎擊球的動作要小，速度要慢，主要靠來球本身的反彈力，以免彈力過大。墊重球時，不但不能主動用力擊球，而且手臂還要隨球後撤，達到緩衝的目的。因此，墊球用力的大小應與來球力量成反比，同墊出球的距離和弧度成正比。

來球弧度不同，墊球用力方法也不同。如來球過高，墊球時可利用伸膝、蹬腿以提高身體的重心，必要時還可稍稍跳起墊球，以保持正確的擊球點；如果來球較低，可採用低蹲墊球。

5.手臂的角度與來球弧度、旋轉及墊球目標、位置有

關。

（1）來球弧度高，手臂應當抬得平些；來球弧度低平，則手臂與地面夾角應大些。這樣才能使球以適當弧度反彈飛向目標。

抱拳式墊球是排球比賽中應用
最普遍的一項基本技術

（2）墊球的目標在側前方時，手臂的墊擊面一定要適當轉向側前方的墊擊目標。

（3）來球帶有較強的旋轉時，應調節手臂形成的平面，以抵消由旋轉引起的摩擦。

二、體側雙手墊球———側墊

是擊球點在體側的雙手墊球。當來球速度較快，飛向體側距離較遠處，來不及移動對正來球方向時運用。現以左側墊球加以說明。

右腳前腳掌內側蹬地，左腳向左跨出一步，身體重心隨即移至左腳，並保持左膝彎曲，兩臂夾緊向側伸出，左臂高於右臂，右肩向下傾斜，再用向右轉腰和收腹的力量，配合兩臂在體側截擊球的後下部。

向左跨步側前伸臂　　　向右轉體提肩擊球

【要點】

①左腳向左側跨出一步，是爲了擴大控制面積，更接近球，採用近於正面墊球的方法墊擊球，以便更好地控制球。

②左臂高於右臂，右肩向下傾斜，是爲了使雙臂組成的平面與水平面成一定合適的角度，以便截擊來球。

③切忌隨球擺臂，以保證側墊動作的穩定。

三、背向雙墊球——背墊

背對出球方向的墊球方法叫背墊。大多用於接應同伴墊飛的球或將球處理過網。其特點是墊擊點較高。由於背

先判斷來球的落點、方向和離網的距離，迅速移動到球的落點處，背對出球方向，兩臂夾緊直插到球下。

擊球時，蹬地、抬頭挺胸、展腹，直臂向後上方擺動擊球。

對墊球方向，不便於觀察目標和控制擊球的方向和落點。

【要點】

①背對出球方向使背墊的方向準確。

②兩臂夾緊伸直插到球下及蹬地、抬頭挺胸、展腹等，使向後的力擊球。

③墊低球時的屈肘和翹腕也是便於使向後的力擊球。

④抬頭仰體，直臂上迎，胸前擊球。

四、跨步墊球

隊員向前或向側跨出一步的墊球方法稱為跨步墊球。適合於來球距身體1公尺左右，來球較低或速度較快來不及移動對正來球時採用。

判斷來球的落點，及時向前或向側跨出一大步，屈膝制動，重心落在跨出腿上，上體前傾，臀部下降，兩臂插入球下墊擊球的後下部。

向側面跨步墊球　　　　　　　　向前跨步墊球

五、低姿墊球

　　當來球落點在身體附近較低的位置時，隊員必須深蹲降低身體重心，雙手在緊貼近地面處向前上方墊球叫低姿墊球。

　　低姿墊球時，前腳尖指向墊出方向，後腳跟離地，後腿大小腿貼緊，上體前傾，兩腿彎曲程度要大，髖關節要低於膝關節，兩肩自然下垂向前壓低，手臂貼近地面插到球下，肘部盡量下降並置於膝部內側，雙手全攏，用小臂或虎口上部擊球後部，墊擊時重心隨球上升，給力要恰如其份，如果是大力來球，要稍有後撤緩衝動作。來球力量小時，可以用屈肘、翹腕動作將球墊起。

低姿墊球

深蹲降低
身體重心

手臂貼近地
面插到球下

雙臂合攏，用小
臂或虎口上部擊
球後部

墊擊後迅
速起身

六、半跪墊球

對付下沉飄球或彌補前排突然不接的球，就要用半跪墊球。

半跪墊球與低姿墊球動作基本相同，只是兩腳之間距離加大，隊員在低姿墊球動作的基礎上，繼續向前移動身體重心，前腿深蹲，膝關節向外前方，後腿膝關節外側在地面取得一個穩定的支撐點，上體下壓，呈塌腰動作，兩臂彎曲，由兩膝之間平行地向來球伸出，為了便於插入球下，可用兩拇指朝前靠緊，手背朝上，用手背擊球。擊球後，兩手撐地，隨即後膝蹬起，前腿伸膝迅速起立。

半跪墊球

全跪墊球

全跪墊球

全跪墊球在排球比賽中並不常見。其動作過程與半跪墊球相似。是一種非常被動情況下的救球方法。

七、讓墊

讓墊通常在來球弧度平，速度快，前衝追胸時使用。

迅速向一側跨出一步，跨出腿稍屈，身體重心移至跨出腿上，讓開身體的同時，用體側墊球的方法，截住來球進行墊擊。或者向側後跨出一步，讓開身體，使球飛向體側，用體側墊球的方法墊擊來球。

讓　墊

八、單手墊球

比賽中，有時來不及用雙手墊球，此時運用單手墊球。單手墊球技術可以起到擴大防守和保護範圍的作用，但由於手臂擊球面積小，不容易控制球。

單手墊球

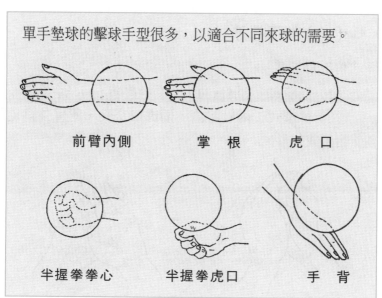

單手墊球的擊球手型很多，以適合不同來球的需要。

前臂內側　　　掌　根　　　虎　口

半握拳拳心　　半握拳虎口　　手　背

九、擋　球

　　來球較高，不便於用手臂墊擊時，用雙手或單手在胸部以上擋擊來球的擊球動作，稱之為擋球。

　　雙手擋球時，多用於擋擊胸部以上力量大速度快的來球；單手擋球多用於來球較高力量較輕，在頭部上方或側上方的來球。運用擋球可擴大控制範圍，善於擋球的隊員，防守時可前壓，提高前區的防守效果。擋球可分為雙手擋球和單手擋球兩種。

（一）雙手擋球

1.基本手型

（1）抱拳式：兩肘彎曲，一手半握拳，另一手外包。

（2）併掌式：兩肘彎曲，兩虎口交叉，兩臂外側朝前，合併成勾形。

抱拳式　　　　　　　　　　　併掌式

2.動作方法

手臂屈肘上舉，肘部向前，手腕後仰，用雙手平掌外側和掌根所組成的平面擋擊球的後下部，擊球瞬間手腕要緊張，用力適度。

（二）單手擋球

擋球時，手臂屈肘上舉，肘部向前；手腕後仰，用掌根或拳心平面擊球的後下部；擊球瞬間手腕要緊張，如球較高，還可跳起擋球。

雙手擋球

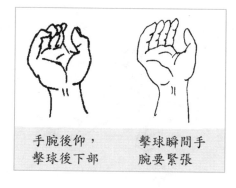

手腕後仰，
擊球後下部

擊球瞬間手
腕要緊張

單手擋球

十、側倒墊球

向側跨步墊球後再倒地的動作稱側倒墊球。它主要用於接兩側的低、遠球。其動作特點是跨步後身體重心低，擊球點低，整個擊球過程能保持面對來球和墊出球的方向，便於觀察。側倒墊球可分為側倒雙手墊球和側臥單手墊球兩種。

1.側倒雙手墊球

來球在體側較低的位置時採用。墊球時，在低姿防守的基礎上，以同側腳向來球方向跨出一大步，身體重心落在跨出腿上，臀部下降，兩臂向側下直插球下。

擊球時，以跨出腳的前腳掌為支撐軸向內轉動，在向內轉體轉肩的同時兩臂上抬擊球下部。擊球後再以臀、背依次著地後倒。

按上述的動作過程可歸納為：「一跨、二轉、三倒地」的動作要領。在後倒結束後，以收腿和兩手撐地幫助快速起立。

側倒雙手墊球

2.側倒單手墊球

來球在體側較低而遠的位置時採用。擊球前，先向側面跨出一大步，重心下降並移至跨出腿上。緊接著跨出腿繼續用力蹬地，使上體向來球方向伸展騰出，擊球手臂前伸，插入球下將球墊起，同時身體向內轉動。擊球後，手臂不收回來，並以體側著地成側臥姿勢向前滑動。側臥單手墊球的控制範圍比側倒墊球大一些，所以，便於防守離身體較遠的低球。

側倒單手墊球

十一、滾翻墊球

當來球距身體遠而低時，用跨步墊球不能觸及到來球時，可採用滾翻墊球。滾翻墊球的特點是能夠充分發揮移動的速度接近球，控制範圍較大，能夠保護身體不受傷，並可迅速起立轉入下一個動作。

【動作方法】：迅速向來球方向移動，跨出一大步，重心下降，上體前傾，使胸部貼近大腿，重心完全落在跨出腿上。雙臂或單臂伸向來球，同時兩腿向前用力蹬地，使身體向來球方向伸展，用小臂、虎口或手腕部位擊球的下部。擊球後，在身體失去平衡的情況下，順勢轉體，依次用大腿外側、臀部外側、背部、跨出腿的異側肩著地，同時低頭含胸收腹團身，由跨出腿同側肩部做後滾翻動作，並順勢迅速起立。

十二、前撲墊球

　　當運動員來不及向前跨步、移動去接近球時，可採用前撲墊球。前撲墊球主要用於防前方低而遠的球。

前撲雙手墊球

擊球後，兩手迅速撐地，兩肘順勢彎曲緩衝，膝關節伸直以免觸地，胸部著地。	下肢用力蹬地，身體向前撲出，同時雙臂插入球下，用前臂虎口或手背將球墊起。	準備姿勢要低，上體前傾，重心偏前。

為擴大防守範圍，接離身體更遠的低球時，可用單手向前盡量伸展擊球，用另一隻手屈肘撐地緩衝，胸腹著地後繼續向前滑動。

前撲單手墊球

虎躍墊球

　　前撲墊球的一種變化是「虎躍」墊球，在做「虎躍」墊球時，身體撲出擊球，擊球後用雙手扶地，收腹屈膝，雙腳著地，身體不臥倒而起立，猶如老虎撲食，故名「虎躍」。虎躍墊球由於身體不撲倒，雙手推地，故能迅速起立，及時連接下一動作。但「虎躍」墊球要求隊員有較強的腹肌力量。控制範圍不及標準的前撲墊球大。

十三、魚躍墊球

　　若來球低而遠，可採用防守中難度較大的魚躍墊球技術，其特點是躍得遠，控制範圍大，但動作難度也大。

　　採用半蹲準備姿勢，上體前傾，重心前移，向前做一兩步助跑或原地用力蹬地，使身體向來球方向騰空躍出，

手臂向前伸展，插到球下，用單手或雙手擊球的後下部。擊球後，雙手在體前身體重心運動的方向線上著地支撐，兩肘緩慢彎曲，同時抬頭、挺胸、展腹，兩腿自然彎曲，使身體成反弓形，以手、胸、腹、大腿依次著地。如前衝大時，可在兩手著地支撐後，立即向後做推撐動作，使胸、腹著地後，貼著地面順勢向前滑行。

為了防止受傷，魚躍在空中擊球後，要有一個潛入式動作。手的支撐點要在身體重心運動的方向線上。支撐點靠後容易造成身體前翻折腰；支撐點太靠前容易造成身體平落，使腹部或膝部碰地。

魚躍動作支撐點位置

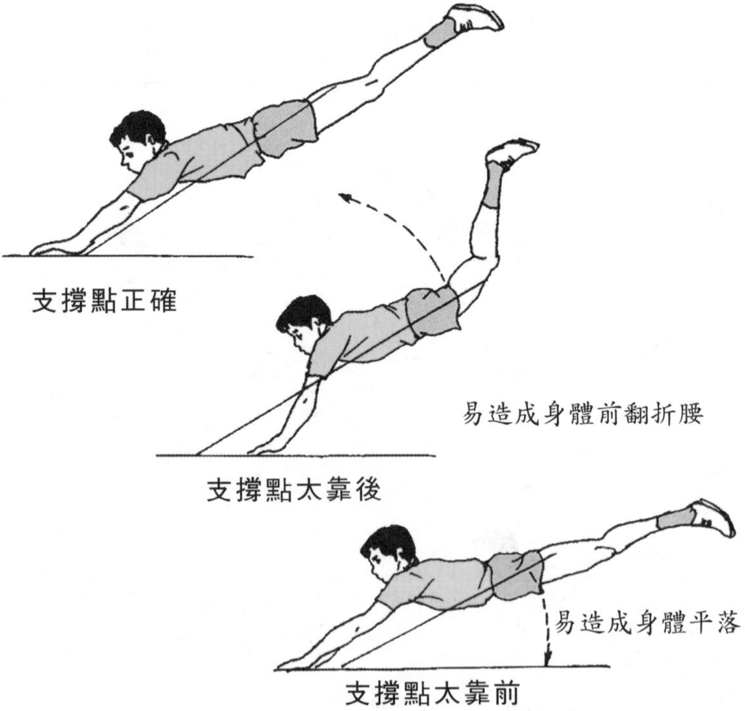

支撐點正確

易造成身體前翻折腰

支撐點太靠後

易造成身體平落

支撐點太靠前

十四、單臂滑行魚躍墊球

　　墊球時，身體可盡量向前方躍起，在空中用單手虎口
或手背擊球。

　　擊球後，以擊球手掌的外側（小指一側）和前臂先著
地，並順勢向前滑動。另一手屈肘在體側協助支撐，隨之
胸、腹、腿依次著地，並繼續向前滑行。

十五、鏟 球

是用單手手背墊球，擊球時，手掌貼地猶如一把鏟子向前運動使球擊在手背反彈而起，用於來球低而突然時。

十六、其他部位墊球

在突然情況下可用腳背挑球、胸部墊球、體側屈肘墊球、腳內側墊球等技術。

十七、墊球技術的教學與訓練

正面墊球是一切墊球的基礎。首先學習正面墊球，然後學習變方向墊球和移動墊球，然後再學習側墊、背墊。由於接發球和接扣球技術對基本技術依賴性較強，只有在基本墊球方法掌握之後，再進行接發球和接扣球教學。

（一）墊球的練習方法

1.初學時可採用坐在一定高度的椅子上來體會。

準備姿勢　　　　　　　　　明確墊擊球部位

手臂夾、插、抬、將球輕輕墊起

從坐姿到離椅
擊球，體會身
體協調用力及
抬臂擊球的動
作

2.首先要掌握最基本的雙手正面墊球技術，可以反覆衝到球的正面或側面，用雙手墊球。

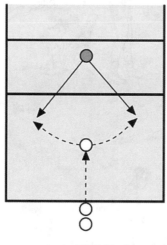

左右側面墊球

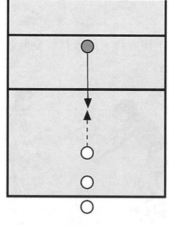

正面墊球

3.掌握了基本技術後，就要逐漸擴大墊球的範圍，向正面移位的同時用雙手墊體側的球，其次可練習用單手墊球。練習時應注意，無論用哪一種墊球法都必須和時間相吻合。再進一步便可以練習滑前墊球和旋轉墊球。

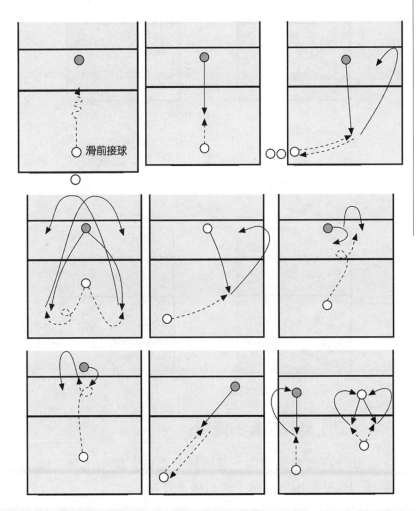

滑前接球

4.墊球時應該面對來球，腳和腰要有勁。要求不但要能墊球，而且還要有連續不斷墊球的體力。

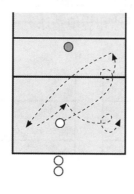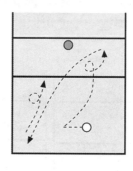

5.除了一個人練習外，還可三個人一起互相合作連續性的墊球，在此練習中可同時進行墊球和托球。

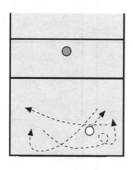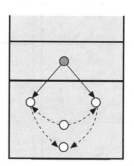

（二）墊球技術的運用

墊球技術在比賽中主要用於接發球，接扣（吊）球，接攔回球及在困難時做二傳組織進攻。

1.接發球

接發球是排球比賽的重要環節，是組織戰術進攻的基礎，其質量直接影響著進攻效果、心理變化和比賽勝負。

接發球主要採用正面雙手墊球，但由於各種發球的性能不同，接發球的方法也有所不同。但不管採用何種方法，都應該要全神貫注，注意力集中，全身要保持放鬆狀態；根據發球人的站位和動作特點，做好判斷和準備；判斷準確，移動快速，對正來球，協調用力；在腹前用前臂擊球，保持好手臂與地面的適度夾角。

（1）接一般飄球

一般飄球的特點是球速慢，輕度飄晃。接發球時，要判斷好落點，迅速移動取位，並降低重心，待球開始下落時，將手臂插入球下墊起。

（2）接下沉飄球

下沉飄球的特點是球剛過網即突然減速下沉。接發球時，判斷好來球落點，迅速移動取位，採用低姿墊球的方法將球墊起。

（3）接平衝飄球

其特點是速度快，弧度平，飄晃平衝追胸。接發球時，身體對正來球，升高身體重心，膝關節伸直，有時還可輕輕跳起，以保持擊球點在腹前。如果來球較低，不適於高位墊球，還可採用讓墊。

（4）接大力發球

其特點是速度快，力量大，旋轉力強。接發球時，採用半蹲或低蹲的準備姿勢，對準來球後手臂不動，讓球自己彈起。如擊球點低時，可採用翹腕墊球。

（5）接跳發球

其特點是比大力發球的速度更快，力量更大，球的旋轉力更強。接發球時，採用半蹲或低蹲的準備姿勢，對準來球，在擊球的一瞬間要收胸、收腹、後撤手臂，以緩衝來球力量。

（6）接側旋球

側旋球會向左右旋轉飛行，接球時（如接左側旋轉）對正來球後，身體要靠向右側，右臂抬高，以免球反彈後向側偏斜。

（7）接高吊球

這種發球的特點是飛行的弧度高，下降的速度快，有一定的力量。接球時，兩臂要向前平伸，手臂肌肉要適當放鬆，等球落到胸腹間再墊擊。擊球點不宜過低，不必多加抬臂動作，讓球向前上方自然反彈出去。

2.接扣（吊）球

接扣球防守是反攻爭取得分的基礎，是從被動到主動的轉折點，還有著鼓舞士氣、激發鬥志的作用。

接扣球要運用各種墊球技術，一般採用上擋下墊。在墊擊低球時，還可用屈臂翹腕或鏟球等動作進行墊擊。接扣球時應及早判斷，迅速移動卡好位，做好正確的準備姿勢，根據不同的來球，採用不同的接球手法。

（1）接輕扣球和吊球

輕扣球和吊球速度不快，力量較小，但較突然。因此，如能預料到對方要輕扣或吊球，應及時跟進將球墊起，如未能及時判斷或來不及跟進時，可採用前撲或原地魚躍墊球的方法。

（2）接快球

快球的特點是速度快、力量大、線路短、落點靠前。防守的關鍵是預先判斷其主要進攻線路。一般要適當向前取位，重心要低，身體不要過於前傾，手臂也不宜太低，要做好上擋下墊的準備，單、雙手要靈活運用。

（3）接強攻重扣球

對方強攻時，在有前排隊員攔網的情況下防守取位應適當靠近後場，身體不要過早深蹲，以免影響移動步伐。

（4）接攔網觸手的球

由於攔網觸手的球往往會改變原來扣球的方向、線路和落點。因此，接網邊或入網球時，要注意制動，不要觸網或過中線犯規；接飛向後場的觸手高球，可用擋球或跳起單手擋球。

3.接攔回球

攔回球是指本方隊員進攻被攔回的球，由於攔網水準的不斷提高，攔回球的比例比以前有所增加。

攔回球一般速度快、路線短，落點大多在扣球隊員身後、兩側或進攻線左右，因此，取位重點應在前場。

準備姿勢宜採用半蹲、低蹲準備姿勢，上體基本保持正直，兩手不宜太低，應置於胸前，以增加控制範圍。接快速下降的攔回球可採用前撲、半跪、側倒等姿勢，擊球手法要多樣，儘可能要雙手墊球。

無論採用雙手或單手，都要使手臂伸到球的底部，貼近地面，從下向上擊球。在身體附近且較高的攔回球，可用雙手或單手將球擋起，來不及用手墊的球，可用上臂、肘部外側或腳將球墊起。

在擊球動作上，要有明顯的屈肘、抬臂或翹腕動作，使球盡量墊向二三號位之間。

4.接其他球

（1）墊二傳

當一傳來球低而遠，來不及移動到球下做上手傳球時，可進行墊擊二傳。墊二傳一般採用正面雙手墊球。擊球前要降低重心，面向墊球方向，兩臂平伸插入球中。擊球時，用下肢和身體的協調用力向上抬臂，擊球的下部。這種方法也叫抬墊。

（2）墊入網球

比賽中常有球失控飛入網內，因來球速度、入網部位不同，反彈的方向、角度、速度、落點也不相同。一般落入網上半部的球，順網下落的多；落入網中間的球，反彈也不遠；只有落在網下半部網繩附近的球，可以反彈起來。墊入網球時，要判斷入網的方向和落點，然後迅速移動到落點上。側身對網，降低重心，手臂插到球下，由低向上向外墊起。

墊擊時，應加大屈肘翹腕，增加起球高度。若是第三次擊球，則外側臂要抬高，墊球時有「兜球」動作，使球上旋，有利於過網。

小　結

墊球是防守的基礎，也是組織進攻的基礎。接發球好，有利於打好接發球進攻，否則，就會陷入被動或失分。接扣球好，有利於防守反擊的組織。因此，墊球是比賽中多得分、少失分，由被動轉主動的重要技術，是穩定隊員情緒、鼓舞隊員士氣的重要手段。墊球還可在無法運用傳球技術進行二傳的情況下用來組織進攻或處理球。

隨著排球運動的不斷發展，墊球技術也在不斷地發展和創新。20 世紀 50 年代先後出現了虎口墊球、抱拳墊球和翹腕墊球技術；20 世紀 60 年代初期，由於飄球的盛行，出現了前臂墊球技術。隨著技術的不斷發展與提高，墊球動作和擊球手法越來越多樣化、合理化。

訓練日記

第  章 傳球技術

5

傳球是排球比賽中防守和反攻的銜接技術，它的好壞直接影響著戰術配合質量，關係到扣球效果。沒有良好的傳球技術作保證，要想在比賽中取得勝利是很難的。

傳球技術動作細膩，需要較強的手指手腕力量、手指手腕較強的控制能力和高度的協調性。

傳球多數是將同伴送來的球傳出，並改變方向，改變弧度，改變速度。傳球的質量，既取決於自己的手上功夫，又依賴於同伴創造的條件。

自從開展排球運動以來，傳球一直是運用廣泛的一項重要技術，其技術動作方法至今沒有太大變化。傳球基本技術可分為正傳、背傳、側傳、跳傳四種。

傳球的運用 ──┤

二　傳 ──┤
順網正面二傳
調整二傳
背二傳
側二傳
跳二傳
倒地二傳
傳快球
傳平快球
傳平拉球

一　傳
吊　球
處理球

一、雙手正面傳球

雙手正面傳球是傳球中最基本的傳球方法，它控制球面積大，手和全身動作容易協調配合，傳球的準確性和穩定性也高，是掌握和運用其他各種傳球方法的基礎。

（一）技術分析

傳球技術動作是個完整的連續過程，可以從五個方面加以分析。

1.準備姿勢

兩腳左右開立比肩寬，一腳在前，兩腳尖適當內收，腳跟稍提起，膝關節稍彎曲。上體伸直，重心靠前，身體要穩定，抬頭看球，雙手自然抬起，放鬆，置於臉前。

2.迎　球

當球下降近額前時，蹬地伸膝，伸展，兩手向前上方迎擊來球。

3.擊　球

擊球點在額前上方約一個球的距離處，這樣便於看清傳球的目標，有利於對準球和控制傳球方向。同時，手在觸球時肘關節尚未伸直，也便於繼續伸臂用力。

擊球點在額前上方約一個球的距離

4.手 型

當手觸球時，兩手自然張開成半球形，手指與球吻
合，手腕稍後仰，以拇指、食指、中指托住球的後下部，
手指手腕保持適當的緊張，以承擔球的壓力。兩拇指相
對，接近「一」字型，兩手間的距離，可因手的大小而
定。用拇指的內側，食指的全部，中指的 2、3 關節觸球，
無名指和小指在兩側輔助控制傳球方向。兩肘適當分開，
兩前臂之間要有一定距離。

手 型

5.用　力

　　傳球動作是全身協調用力。傳球用力的順序是：蹬地、伸膝、伸腰、伸肘、伸臂、手指手腕屈伸。最重要的是利用伸臂和手腕手指的緊張用力和球壓在手指上產生的反彈力將球傳出。要根據來球的速度、弧度、力量而適當地控制伸臂和手腕手指的緊張程度，以加強或緩衝出球速度，控制好傳球的弧度和距離，提高準確性。在瞬間控制球速和力量，主要是靠手臂、手腕、手指對球的本體感覺的敏銳程度。

雙手正面傳球易犯錯誤與糾正方法

易犯錯誤	糾正方法
手型不正確，形不成半球狀	一拋一接輕實心球，自拋自接，接住後自我檢查手型。距牆 40 公分左右連續傳球，並不斷檢查和糾正手型。
擊球點過前或過高	擊球點過前，多做自傳；擊球點過後多做平傳或平傳自傳
傳球時臀部後坐，用不上蹬地力量	講解協調用力的重要性；一人手壓球，另一人做傳球的模仿練習
傳球時上體後仰	兩人對傳中，一傳出球，立即用雙手觸及地面
傳球時有推壓或拍打動作	多做原地自傳或對牆傳球，增加指腕力量，體會觸球感覺

（二）技術圖解

①準備要充分　　③觸球手張開　　⑤指腕緩衝彈

②額前迎擊球　　④蹬地伸臂送

【要點】

①由於傳球的擊球點較高，採用稍蹲準備姿勢，有利於快速移動。

②擊球點在額前上方一球距離處，便於觀察來球和傳球目標，有利於控制傳球的準確性，同時有利於伸臂擊球。

③拇指相對成「一」字形或「八」字形傳球，使手型與球體較吻合，觸球面積比較大，容易控制球，增加傳球的準確性。同時，由於觸球面積大，有利於緩衝來球力量。

④傳球所需要的力量是由多種力量合成的，如：伸腿蹬地的力量，伸臂的力量，手指、手腕的力量以及球的反彈力。要根據來球的具體情況及傳球的要求，採用不同的動作方法，運用不同的力量擊球。

第 *5* 章　傳球技術

傳球正面圖

傳球側面圖

第 *5* 章　傳球技術

傳球背面圖

二、背　傳

　　向後上方傳球，稱為背傳。背傳是傳球基本方法之一。比賽中採用背傳可以變化傳球路線，迷惑對方，組成多變的戰術配合。

　　1.準備姿勢

　　上體比正面傳球時稍直立，身體重心穩定在兩腳之間，雙手自然抬起，放鬆置於臉前。

　　2.迎　球

　　雙手上舉，挺胸，掌心稍向上，手腕稍後仰。

　　3.擊球點

　　保持在額上方。

背　傳

4.手　　型

與正面傳球相同，拇指托球的後下部。

5.用　　力

利用蹬地、上體後仰、挺胸、展腹、抬臂及手腕手指的彈力將球向身體後上方送出。

【要點】

上體要稍直，擊球點稍後，背部正對目標，掌心要向上，拇指托球下，向後上方伸送。

三、側　　傳

身體側對傳球目標，並將球向體側方向傳出的傳球動作叫側傳。側傳有一定的隱蔽性。

1.準備姿勢

與正面傳球相同。

側　　傳

2.迎　球

與正面傳球相同。

3.擊球點

保持在臉前或稍偏於出球方向的一側。

4.手　型

與正面傳球相同，但傾向出球一側的手臂要低一些，另一側則要高一些。

5.用　力

蹬地後上體要向出球方向傾斜，雙臂向傳出一側用力伸展，異側手臂動作幅度較大，伸展較快。

【要點】

①擊球點偏向傳球方向一側，有利於達到向側向傳球。

②上體和手臂向傳球方向伸展，異側手臂的動作幅度、用力距離和動作速度要大於同側手臂，有利於向側向發力，並保持良好的手型。

四、跳　傳

跳起在空中做傳球動作叫跳傳。跳傳有原地跳、助跑跳、雙足跳、單足跳等動作。

起跳最好是向上垂直起跳，不宜向前或向側衝跳。起跳的關鍵是掌握好起跳時機，起跳過早或過晚都會影響傳球質量。

起跳在空中後，雙臂上擺至臉前，身體在空中保持平

跳　傳

衡。當身體上升到最高點時，靠伸臂動作和手腕手指的彈力將球傳出。

【要點】

　　①跳傳的起跳應垂直向上跳，以減少對傳球準確性的影響。

　　②在身體上升到最高點觸球，才能有充足的時間來完成迎球、擊球、伴送球的動作，否則將會導致擊球乏力或動作失調。

　　③跳傳應加大伸臂動作的幅度和速度，因爲跳傳時，身體沒有支撐點，無法借助蹬地的力量。

五、傳球技術的運用

（一）組織進攻

傳球技術在比賽中主要用於組織進攻，即用作二傳。二傳是從防守轉入進攻的橋樑和紐帶，二傳質量的好壞，直接影響著進攻的質量和技戰術的發揮。二傳質量好可以彌補一傳和防守的不足；還可以用假動作迷惑對方，達到助攻的目的。有時二傳可直接吊球，出其不意，攻其不備。二傳質量不好，不能充分發揮扣球隊員的作用和威力，不能保證戰術配合的質量，不能組成最有效的進攻，往往造成被動挨打。

二傳時，二傳隊員應該做到取位恰當、善於觀察、動作隱蔽、調整節奏、手法熟練。

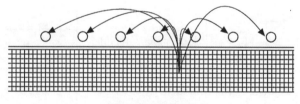

二傳主要線路變化

1.順網正面二傳

順網正面二傳是二傳中最簡單最常用的技術。傳球動作與正面傳球相似，其區別在於順網正面二傳傳球時身體不宜面對來球，要適當的轉向傳球方向，儘可能保持正面傳球，使球順網飛行。如果來球角度較大，可偏對傳球方

向,將擊球點適當移向傳球方向,邊傳邊轉體、邊控制球,把球傳向目標。當來球較高而且近網時,可採用跳傳。在不能採用跳傳的情況下,兩膝伸直,兩臂上伸,以提高擊球點。如果來球較低,通常採用下蹲傳球。正面傳一般拉開球時應充分利用下肢蹬地和全身的協調力量,並結合上肢的伴送動作。正面傳集中球時,下肢伸展動作不宜過大,主要依靠伸肘動作和手指手腕的力量擊球。

2.調整二傳

將一傳不到位且離網較遠的球傳至便於進攻隊員扣擊的位置及高度,稱為調整二傳。傳球時應充分利用蹬地、伸臂及手指手腕等協調力量。調整二傳應根據傳球和扣球人的位置來確定傳球的方向、弧度和距離。傳球路線與網的夾角越小越易扣球。傳球目標越大,傳球的弧度應越高。調整傳球不宜太拉開,以便於扣球隊員觀察和上步扣球。

3.背二傳

背二傳可以利用球網全長,增加進攻機會和進攻點,並具有一定的隱蔽性和突然性。傳球前要先移動到球下,背對傳球方向,利用球網等參照物確定自己位置和傳球方向,並利用「手感」控制傳球的角度、速度和落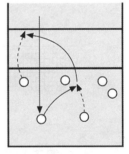

點。一般背傳拉開高球,要充分利用挺胸、展腹和向後上方提肩伸臂動作。如果來球較高,擊球點比正傳應稍向後一些;如來球較平,擊球點可適當前移;如來球較低,應迅速移動至球下,盡力保證準確的擊球點。

背二傳時，來球與背傳出球方向的夾角越大越易傳。如果夾角較小，也應盡量背對正傳球方向，不能邊傳邊轉體。當夾角小於 90 度時，一般不宜背向二傳，但好的二傳手往往利用它作為假動作來迷惑對方。例：二傳面向二號位，球從一號位來，二號位故意轉身 180 度，然後背向二傳，把球傳向二號位。這種小夾角的背二傳難度較大，不易掌握，但在比賽中較實用。

4.側二傳

二傳隊員背對球網向兩側傳球稱側二傳。這種傳球適用於來球近網或平衝網的球，可以增加進攻的隱蔽性和突然性，也可用於二傳吊球。但難度較大，準確性差，不便於控制球。

5.跳二傳

跳起在空中給進攻隊員的傳球稱跳二傳。這種傳球過去主要用於傳網上沿的高球和搶傳即將飛過網的球。目前，許多強隊為了加快進攻節奏，縮短進攻時間，或運用兩次進攻戰術，大量地運用跳二傳。

跳二傳

（1）跳起雙手二傳

跳起雙手二傳要掌握好起跳時間，在身體上升到最高點時傳球，這樣既可傳高球，又可加快傳球節奏，並有利於兩次進攻。

（2）跳起單手二傳

在一傳高而衝網，跳起後又無法運用雙手二傳時，可用單手二傳。當來球接近網上沿時，二傳隊員側身對網起跳，在空中最高點時，靠近網手臂的肘部彎曲上舉，手腕後仰，掌心向上，五指適當收攏，構成一個小的半球形手型，用伸肘動作及手指手腕力量將球向上傳起。

跳起單手二傳適於傳低球。一般是在被動的情況下，用來組織簡單快攻戰術。當來球過高時，單手傳球只需要輕輕一「點」即可；如需要傳高球時，上臂要適當下降，以增加上抬和伸臂的距離，手指手腕的緊張程度也應大一些。

（3）晃　傳

跳起做扣球動作，突然改為二傳把球傳給同伴進攻，這種二傳稱晃傳。晃傳有兩種：一種是在空中做假動作後，面對球網用側傳方法轉移給同伴進攻。另一種是在空中做扣球假動作後，在空中轉身肩對網，將球正面跳傳給同伴進攻。

6.倒地二傳

倒地二傳是在來球很低的情況下採用。倒地二傳不能勉強，如來球過低，用倒地二傳無法保證傳球的準確性時，可採用墊二傳。

（1）後倒傳球

以全蹲姿勢鑽入球下，上體順勢後仰，身體重心移至後腳下，同時利用身體的瞬時平衡，在胸至臉前部位，以快速的伸臂翻腕動作將球傳起。擊球後順勢倒地，團身收腿回滾，並迅速站立。

（2）側倒傳球

向來球方向跨出一大步，降低重心，身體重心落在跨出腿上，人插入球下。

當向前傳球時，擊球點保持在臉前；向側後方傳球時，擊球點在額側前上方。在身體即將失去平衡的瞬間，用快速的伸臂和突然轉體動作，將球傳出。擊球後，身體順勢倒下，再快速收腿起立。

側倒傳球

7.傳快球

傳快球按其特點可分為兩類，一類是傳低快球，另一類是傳平快球。

（1）傳低快球

包括傳近體快、背快、時間差、位置差、空間差及各種交叉、梯次、夾塞等的半高球。傳低快球，主要靠加大指腕的彈力和適當的伸肘動作來控制傳球的力量。並應適當提高擊球點，以提高快攻節奏。由於球向上傳，擊球點

不宜靠前。現以傳近體快球為例加以說明。

　　當扣球隊員做起跳動作時，二傳隊員開始手觸球。傳球時擊球點稍高，肘關節微屈，手腕後仰，指腕放鬆。當扣球隊員跳起在空中最高點時，球也傳到最高點。如來球較高而近網，可採用雙手跳傳快球；如來球高而衝網，也可採用單手跳傳快球。

傳近體快球

（２）傳平快球

一般指短平快、背平快、平拉開和背飛等。向前傳各種平快球時，要適當降低擊球點，注意伸肘和指腕的推壓動作，以加快球的飛行速度和進攻的節奏。向後傳球時，要有翻腕動作。

當傳短平快球時，擊球點保持在臉前，以便伸肘平

傳短平快球

推，使球快速向前平飛。為了加長球在網沿上空平飛的距離，加寬擊球區，可採用跳傳短平快。二傳與扣球的配合，主要靠傳球的速度來控制。

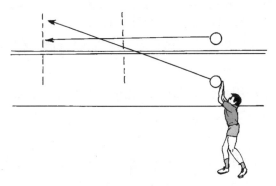

平飛的過程

　　當傳平拉開球時，在插上位置上，傳出拉到四號位標志杆附近的長距離平球，供進攻手扣球。一般球飛行時間約在 0.8 秒到 1.3 秒之間。傳球的弧度有高、中、低三種，以中間者為宜，因為這種弧度在網上會有較長一段飛行，可以增加扣手的擊球區。

傳平拉開球的弧度以中間爲宜

8.二傳假動作

二傳隊員利用身體動作和傳球的技巧，製造假象，迷惑對方攔網，稱二傳假動作。這種動作要求做得逼真、隱蔽、快速。主要方法如下：

（1）改變常規擊球點傳球：如向前移動似要正傳，但突然翻腕向後做背傳。或向後移動似要背傳，但突然壓腕又向前傳球等。

（2）利用手臂假動作傳球：二傳隊員利用兩手在臉前向上伸臂的虛晃動作，佯做向前傳球，但突然改為向後背傳。

（3）利用頭部假動作傳球：如面向左側，眼視左側，示意從左側進攻，但傳球時，突然向右側傳球；或傳球前先看右側扣球隊員和對方攔網情況，但在傳球時，突然改為向左側傳球。

（4）利用上體傾、仰假動作傳球：傳球前，利用上體的後仰，抬頭挺胸，似做背傳，但突然收腹，使身體前傾，改為向前傳球；或上體前傾，兩手前舉，做向前傳球，但突然挺胸展腹，上體後仰，做背傳。

（5）利用轉體假動作傳球：二傳如原面向 2 號位，傳 1 號位來球，現主動轉體 180 度成面向 4 號位，似向 4 號位傳球，但實際卻把球仍背傳給 2 號位。

（二）傳球技術的其他運用

1.一　傳

對對方處理過來的高球或本方攔起的高球，為保證一傳準確到位，可採用正面上手傳球；對來球過高的發球來

不及移動時，也可採用正面上手傳球來接發球。傳球時根據來球力量適當控制指腕的緊張程度，主動用力將球傳給二傳。有時還可直接組織二次球進攻，或直接將球傳入對方空檔。

2.二傳吊球

二傳吊球是二傳隊員進攻的一種手段。在對方沒有防備的情況下，二傳突然吊球往往奏效。吊球時，可採用雙手或單手。雙手吊球時，以側傳吊球較好，動作隱蔽，比較突然。單手吊球時，手指併攏，輕撥球的側下部，傳球落入對方空檔。

3.第三傳

當防守欠佳，無法組織進攻時，可用傳球方式把球擊入對區。傳球時，手指手腕緊張，要有蹬地伸膝、伸臂和壓腕動作，將球快速地傳入對方場地。

六、傳球技術的教學與訓練

首先安排正面傳球教學，包括正確地掌握最基本的正面傳球技術，再學習各種移動、改變來球方向的正面雙手傳球。在正面傳球的教學中配合安排背傳、側傳、跳傳。調整傳球要在掌握遠距離傳球的基礎上進行。順網二傳是所有二傳的基礎，要有足夠的練習時間，儘早安排，以便與其他技術串連。

1.正面傳球的練習方法

（1）每人一球，向自己頭頂上方拋球然後用傳球手型接住，自我檢查手型。

（2）連續自傳，傳球高度不低於 50 公分，傳球時盡量少移動。

（3）距牆 50 公分，對牆連續傳球，以建立正確的手型，體會手指手腕的發力。

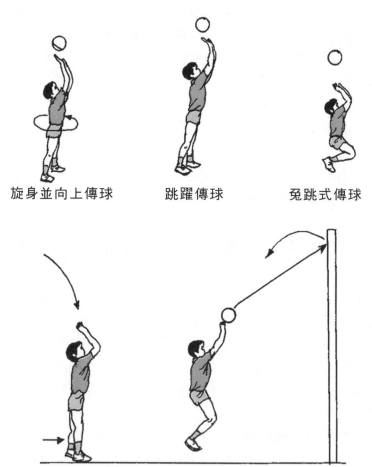

旋身並向上傳球　　　跳躍傳球　　　兔跳式傳球

利用牆壁傳球

2.順網傳球的練習方法

（1）二人一球，一人自拋後做背傳球給另一人，另一人做轉體後自拋背傳。

【要點】體會正確擊球點和擊球動作。

（2）三人一組練習：各相距 3 公尺左右，中間一人做背傳。

（3）四人一組練習，中間二人做背傳。

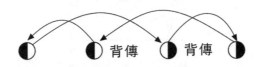

（4）背傳練習可在網邊進行，即由後排來球，然後在網邊進行背傳，也可由後排移動到網邊進行背傳。

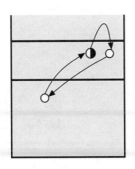
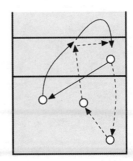

3.二傳的練習方法

（1）兩人順網傳球。兩人在網前做近、中距離對傳。

【要點】注意傳球弧度，能否適合扣球要求。

（2）兩人順網傳球加一次自傳。在上面練習基礎上加一次自傳。自傳後還可做正傳、側傳、背傳及跳傳動作，以加大難度。

【要點】保持正確擊球部位，傳穩傳準。

（3）靠網三角傳球。按圖示方法每人傳 10 次後三人互相換位繼續傳球（每人約傳 10 個）。

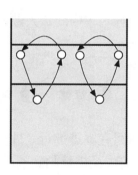

小 結

傳球是進攻的橋樑，在比賽中起著組織進攻的作用；傳球也是各種技術串聯的紐帶，起著穿針引線的作用。二傳好可以組織各種進攻，二傳不好，就會被動挨打。一個排球隊要取得優異成績，固然需要強大的進攻，但是沒有優秀的二傳作保證是萬萬不行的。日本女排的河西昌枝，男排的貓田勝敏，中國女排的孫晉芳、楊錫蘭，前蘇聯男排的扎伊采夫等，都身懷絕技，為他們的隊伍達到世界頂峰起了重要作用。

自從排球運動開展以來，傳球一直是運用最為廣泛的一項重要技術，其動作方法至今也沒有多大變化。但現代傳球的擊球點比以前高了，規格變化了，因為較高的傳球擊球點可以縮短傳球與扣球間的時間，從而使快攻更快。

訓練日記

第  章

扣球技術

6

章

扣球是排球重要的基本技術之一。由於扣球時能充分利用全身力量，扣出的球又快又猛，從而使對方接球失誤，所以，它是排球比賽中最積極、最有效的進攻手段之一。

扣球居高臨下，進攻點離對方場地最近，可以運用個人戰術、集體戰術來突破對方的攔防陣線，使對方難以防守和組織反擊。在激烈的網上扣與攔的對抗中，扣球是矛盾的主要方面，是決定勝負的關鍵。

扣球是身體在空中完成的擊球動作，每一次扣球需要經過助跑、起跳、空中擊球和落地四個相互銜接的過程，要求扣球者必須具有彈跳高度、腰腹力量、手臂揮擊速度、手腕控球能力、人球正確關係以及在空中的時空感和滯空力。

此外，扣球的效果很大程度上又依賴於二傳的密切配合，以及扣球的的個人技巧和戰術運用水準。

隨著排球比賽網上爭奪激烈程度的增加，扣球技術也在不斷變化和發展。

20 世紀 50 年代，直體扣球、屈體扣球、勾手扣球、近體快球，曾風靡一時。20 世紀 60 年代，平拉開扣球、夾塞扣球，以及各種戰術配合，突破了攔網封鎖。20 世紀 70 年代，短平快、背溜、時間差、前飛、背飛、拉三、拉四等扣球使人眼花繚亂。20 世紀 80 年代，進攻方式變化多端，向著點多、面寬的縱深方向發展。20 世紀 90 年代，後排進攻成為世界強隊重要的進攻手段。

扣球技術分類 { 正面扣球
小輪臂扣球
勾手扣球
單腳起跳扣球

扣球技術的幾種變化 { 轉腕扣球
轉體扣球
超手扣球
打手出界
輕扣球
抹　球
壓　球
吊　球

扣球技術的運用 { 近網扣球
遠網扣球
調整扣球

快　球 { 近體快
背　快
短平快
背　溜
平拉快
半　快
調整快
遠網快
單足起跳快球
快抹

自我掩護扣球 { 時間差
位置差
空間差

一、正面扣球

正面扣球由於面對球網，便於觀察，能根據對方攔防情況，隨時改變扣球路線和力量，揮臂動作靈活，準確性高，便於控制球的落點，是最基本和最有效的進攻方法，也是各種扣球技術的基礎。強攻、快攻、後排攻，近網、遠網、調整扣以及各種戰術進攻的扣球，都是在正面扣球基礎上演變、派生而成的。

（一）技術圖解

以扣一般高球為例，扣球助跑前採用稍蹲準備姿勢，兩臂自然下垂，站在離球網 3 公尺左右處，觀察判斷，做好向各個方向助跑起跳的準備。助跑時（以右手扣球兩步助跑為例），左腳先向前邁出一小步，接著右腳迅速跨出一大步，左腳及時併上，踏在右腳之前，兩腳尖稍向內轉，準備起跳。在助跑跨出最後一步的同時，兩臂繞體側向後引，左腳在併上踏地制動的過程中，兩臂自後積極向前擺動。隨著雙腿蹬地向上起跳，兩臂快速上擺，配合起跳。兩腿從彎曲制動的最低點，猛力蹬地向上起跳。起跳後，挺胸展腹，上體稍向右轉，右臂向後上方抬起，身體成反弓形。揮臂時，以迅速轉體、收腹動作發力，依次帶動肩、肘、腕各部位成鞭打動作向前上方揮動。

擊球時，五指微張呈勺形，並保持緊張，以全手掌包滿球，掌心為擊球中心，擊球的後中部。同時主動用力屈腕向前推壓，使扣出的球加速上旋。落地時，以前腳掌先著地，同時順勢屈膝、收腹以緩衝下落力量。

（二）技術分析

1.準備姿勢

一般站在距離球網 3 公尺左右，兩臂自然下垂，稍蹲，腳步不要站死，眼睛觀察來球，做好助跑起跳的準備。

2.助　跑

助跑的目的是為了接近球，選擇適宜的起跳地點，同時也起到增加彈跳高度的作用。助跑的方向、速度和步數

準備姿勢

根據二傳來球的方向、速度和弧度決定。助跑步法力求靈活、適應性強，根據二傳球情況和個人特點確定採用一

步、兩步、三步或多步助跑。

　　一步法適合於扣球隊員距球較近時採用，以右手扣球為例，助跑前，兩腳前後開立，左腳在前；助跑時，右腳向前跨出一步，左腳迅速併上，立即起跳。

　　兩步助跑時，先左腳放鬆而自然地向起跳方向邁出第一步，緊接跨出右腳，支撐點落在身體重心之前，並以腳跟先著地，兩臂由體前經體側擺至體後下方，上體前傾，重心前移，著地的右腳迅速由腳跟過渡到腳掌，同時左腳隨即在右腳的前方著地，身體重心下降，兩膝彎曲，上體稍向右轉，準備起跳。

兩步助跑

　　三步助跑則在兩步助跑之前，右腳邁出一步，步幅要比第二步小些。多步助跑的最後一步通常應大些，以便於接近來球，同時使身體後仰，便於制動。助跑總的要求是連貫、輕鬆、自然，由慢到快，由小到大，只要腳一動就要有相應的手臂協同動作。助跑過程的身體重心應平穩下降，減少起伏，以提高助跑的速度和減少能量的損耗。

　　（1）助跑的節奏

　　應先慢後快。如一傳出手後，就可開始緩慢輕鬆地移動，然後根據二傳的情況逐步加快步伐以尋找起跳時機和

地點。有時也可加快助跑的節奏，以爭取時間和空間。

（２）助跑的時機

助跑的時機取決於二傳球的高度、速度以及扣球隊員的個人動作特點。二傳球低時，助跑起動要早些，球高則要晚些；動作慢的隊員可早些起動，動作快的隊員則可晚些起動。

（３）助跑的路線

助跑的路線應根據傳球的落點來決定。以４號位扣球為例，扣集中球時，應採用斜線助跑，扣一般球時採用直線助跑，扣拉開球時則採用外繞助跑。

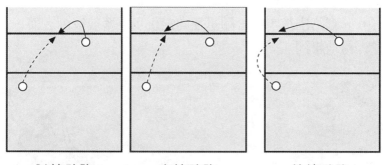

斜線助跑　　　　　直線助跑　　　　　外繞助跑

（４）助跑制動方法

制動方法有三種：第一種由腳跟著地過渡以全腳掌蹬地起跳，這種方法動作幅度大，制動力強，有利地增加起跳高度。第二種由前腳掌著地迅速蹬地起跳，這種方法動作迅速，有利於加快起跳速度，擅長快攻的隊員運用較多。第三種由全腳掌著地蹬地起跳，這種方法站立平穩，但使用較少。

3.起　　跳

　　助跑最後一步腳的落地就是起跳的開始。起跳的目的不僅是獲得高度，還為了選擇適當的扣球時機和擊球位置。跳起的高度與起跳前膝、踝和髖關節的彎曲程度有關，在一定範圍內，彎曲程度越大，越有利於提高跳起高度。但下肢各關節的彎曲程度與個人的腿部力量和腰腹力量有關，腿部和腰部力量大的運動員，下蹲可深些，腿部和腰部力量小的運動員，下蹲可淺些。

　　常用的起跳方法主要有兩種：一是併步法；二是跨步法。

　　（1）併步法

　　一腳跨出後，另一腳迅速向前併步，落於後腳之前，隨即蹬地起跳。

併步起跳

【要點】

　　併步法起跳有利於穩定重心，能調節起跳時間，故適應範圍大，實用價值高，爲絕大多數運動員採用。

　　（2）跨跳法

　　一腳跨出的同時，另一腳也跨跳出去，使兩腳有一騰空階段，兩腳幾乎同時著地和蹬地。

跨跳起跳

【要點】

　　跨跳加大了踏地力量，利於增加地面對人體的支撐反作用力，故能提高彈跳高度，但跨跳法對調節起跳時間不利，故須對球有非常精確的判斷。

　　不論哪種方法起
跳，當踏跳腳著地的
瞬間，手臂擺至身體
側後方並開始向前擺
動。當兩腿彎曲至最
深時，手臂擺至體
側，而後隨蹬直兩腿
向上劃弧上擺，兩腳
迅速趴地，雙膝猛
伸，向上跳起。

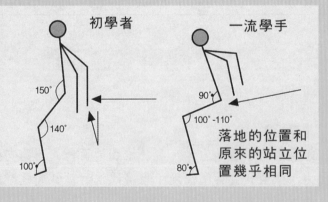

初學者　　　　　一流學手

150°

140°

100°

90°

100°-110°

80°

落地的位置和
原來的站立位
置幾乎相同

【要點】

①起跳點應距球一臂距離，爲空中擊球創造合理的位置。

②起跳時機一般選擇在二傳出手後，如球高時，起跳稍晚些，反之則起跳可稍早些。

③跳起的高度與擺臂的速度也有很大關係，擺臂速度越快，越有利於提高跳起高度。擺臂的方法有兩種：一種是劃弧擺，即兩臂經體側向身體的側下方，隨之又向前上方擺動，這種擺動有利於調整起跳時間。另一種是前後擺，方法是兩臂由體前向後擺動，再由後向前上方擺動，這種方法擺臂距離長、幅度大、速度快，有利於提高跳起高度，但不便於急速起跳。

4.空中擊球

【要點】

①跳起後，身體成反弓形，便於擊球時與上肢做相向運動，加大揮臂距離和揮臂速度，使扣出的球更有力量。

②擊球時，由腰腹發力，上肢各關節做鞭打動作，有利於全身用力集中於手上，以加大擊球力量。

③揮臂初期屈臂，可以縮短以肩爲軸的轉動半徑，提高轉動的角速度，隨之伸肘，以加大揮臂的線速度，加大扣球力量。

④擊球點在跳起的最高點和手臂伸直最高點前上方，要充分利用水平和垂直空間，擴大進攻範圍，增加扣球路線和角度變化的可能性。

起跳後，挺胸展腹，上體稍向右轉，右臂向上方抬起，身體成反弓形。

揮臂時，以迅速轉體、收腹動作發力，依次帶動肩、肘、腕各關節成鞭甩動作向前上方弧形揮動，在右肩前上方最高點擊球。

擊球時，提肩、伸臂，五指微張呈勾形，以全掌包滿球，擊中球的後中部。

力量通過球中心，手腕有推壓動作，使球向前下方旋轉飛行。

上肢鞭打動作

擊球時，由腰腹發力，上肢各關節做鞭打動作，以加大擊球力量。擊球時全掌包擊、屈腕。

正確揮臂法

（1）在跳躍前的低位置開始，最初要將兩肘舉起，特別情況時，右肘要舉至耳的側面。

（2）揮動時，只是將右肘關節之前的部分揮出，左手逐漸向下。

（3）在右肩的前上方配合手腕的撥力將球打出。下顎向下，用全身的力配合揮動壓向球。

不正確揮臂法

（1）手腕的揮動雖正確，但右肘不夠靠後。

（2）右肘不在耳的側面，在右肩之前，特別是揮出手腕時，右肘向前降得太低。打球時由球的側面將球推出，而並非由上向下扣。這樣的扣球容易出界；如打球點不夠高時，容易被封球。

5.落　地

空中完成擊球動作後，身體自然下落，盡量用雙腳的前腳掌先著地，以緩衝身體與地面的撞擊力，落下時保持平衡，以便落地後能及時完成下一個動作。

6.易犯錯誤與糾正方法

易犯錯誤	糾正方法
助跑起跳時間不準	開始時輕拍扣球者的背，或給與語言信號
起跳前衝，擊球點偏後	練習助跑，最後一步跨大，在網前起跳接拋球或扣固定球
擊球時手臂下壓	徒手甩臂，體會手臂放鬆動作或手握輕物（棒物、石子）甩臂。距牆2公尺用中等量連續反彈球。
屈肘擊球，擊球點偏低	降低球網，原地隔網甩小網球。連續甩臂擊高度適中的樹幹。
手包不住球	把球固定在擊球高度上反覆揮臂擊球，練習擊球手法。原地對牆自拋自扣。

二、單腳起跳扣球

單腳起跳扣球是指助跑後第二隻腳不再踏地而直接向上擺動幫助起跳的一種扣球方法。由於單腳起跳下蹲較淺，又無明顯的制動過程，故比雙腳起跳速度更快，而且還能在空中移動，網上控制面積更大，具有很大的突然

性。有時在來不及用雙腳起跳扣球也採用單腳起跳的方
法。

（一）技術圖解

採用與球網成小夾角或順網的一步、兩步或多步的助
跑，以免衝力過大，造成觸網或過中線犯規。助跑後，左
腳跨出一大步，上體後傾，在右腿向前上方擺動的同時，
左腳迅速蹬地起跳，兩臂配合擺動，幫助起跳。起跳後的
扣球動作與正面扣球動作相同。

【要點】

助跑節奏由慢到快，一步定向二步邁，後腳快並猛蹬地，兩臂協調向上擺，腹腰發力帶肩肘，加速揮臂如揮鞭，擊球保持最高點，全掌擊球要上旋。

（二）技術分析

1. 助跑路線與網成小夾角或平行於網，以免前衝力過大，造成觸網或過中線犯規。

2. 起跳時右腿的擺動，其作用與擺臂作用相同，能夠增大左腳蹬地的力量，從而有助於提高彈跳高度。

三、雙腳衝跳扣球

衝跳扣球是指隊員助跑後，向前上方起跳，而且在空中有一段位移，擊球動作在空中移動過程中完成，在後攻和空間差中運用較多。

採用兩步助跑的方法，第一步的步幅要小於一般正面

① ② ③ ④ ⑤ ⑥ ⑦ ⑧ ⑨

扣球。踏跳過程中，雙腳向後下方蹬地，使身體向前上方騰起。在空中抬頭、挺胸、展腹，形成背弓。擊球時快速收腹，揮臂並手腕推壓擊球的後中部。

【要點】

①起跳前一瞬間，兩手後擺動作要特別明顯。

②正在起跳的過程，手臂擺動，上體已接近伸直。

③起跳離地前一瞬間，兩臂繼續擺動。

④起跳後空中抬臂動作。

⑤空中手臂後引，提肩、挺胸。

⑥揮臂擊球時，從腰腹發力並以肩部帶動上臂向上伸，前臂還落在後面。

⑦揮臂擊球時，快速向前上方揮動前臂，手臂伸直後立刻能擊到球體。

⑧以急速的甩腕動作緊張的全掌擊球體後上方。

⑨擊球時，以收腹力量協調配合擊球動作。

四、小輪臂扣球

是以肘關節圍繞肩關節回旋做加速揮臂擊球的一種方法，這種扣球，手臂始終沿圓弧運動，掄臂幅度大，動作連貫，便於發揮手臂的揮動速度。

|助跑起跳與正面扣球動作相同。|引臂時手臂屈肘，以肩關節爲軸心，由後下方向前上方做回旋揮臂。|當肘關節擺至肩關節側後方時，整個擊球動作與正面扣球相同。|

五、勾手扣球

　　勾手扣球是起跳後，左肩對網，由轉體動作，帶動右臂向左上方揮動擊球的一種方法。這種扣球適合於遠網扣球或由後排調整過來的球。它可以擴大擊球範圍，並能彌補起跳過早或衝在球前起跳的缺陷。

　　助跑的最後一步，兩腳平行於中線，右肩對網完成起跳動作或起跳後在空中使左肩轉向球網。起後，上體稍後仰或稍向右轉，右肩下沉，當右臂隨著起跳動作擺至臉前，迅速引至體側，手臂伸直，掌心向上，五指微張，手成勾形，同時挺胸、展腹。擊球時，利用向左轉體及收腹動作帶動伸直的手臂，由下經體側向上劃弧揮動，在頭的前上方最高點，用全手掌擊球的後中部。整個動作與勾手大力發球相似。

第 *6* 章 扣球技術

六、扣球技術的幾種變化

（一）轉體扣球

　　利用改變上體原來方向而改變扣球路線的扣球，為轉體扣球。轉體扣球與正面扣球動作大致相似。不同的是，將擊球點保持在左側前上方（以向左轉體扣球為例），擊球時，利用向左轉體和收腹的動作，帶動手臂向左揮動，以全手掌擊球的右上部來改變扣球方向。

將擊球點保持
在左側前上方

以全手掌擊球的右上部
來改變扣球方向

（二）轉腕扣球

由轉腕動作改變扣球路線，這種球力量不大，但路線變化大，易避開對方攔網。

1.向外轉腕扣球

主要用於 3 號位向右轉腕扣球和 4 號位做小斜線扣球。起跳與正面扣球相同。

擊球時，右肩向上提並稍向右轉，前臂向外轉，肘關節伸直，手腕向右甩動，以全手掌擊球左側上部。

向外轉腕扣球

2.向內轉腕扣球

主要用於 2 號位面對直線而打小斜線，及在 3 號位向左轉腕扣球。擊球時，將球保持在左側前上方，上體不轉動，前臂內旋，手腕向左甩動，全手掌擊球的右側上部，擊球後肘關節可以稍屈。

（三）打手出界

扣球隊員有意識地使球觸擊攔網隊員的手後飛向場外的一種扣球方法。一般在二傳近網，落點在標誌附近時運用較多。

1. 4 號位打手出界

扣拉開至 4 號位標誌杆附近的近網球時，扣球隊員在擊球瞬間，手腕迅速內轉，擊球的右側上部，使球觸攔網手後飛出界外。

2. 2 號位打手出界

2 號位扣打手出界球與 4 號位相反，手腕迅速外轉，擊球的左側後上部。

3. 3 號位打手出界

利用轉體或轉腕扣球，對準攔網者的外側手掌，向兩側揮臂擊球，造成打手出界。

4.遠網球打手出界

對準攔網者外側手的外側部擊球，能收到良好效果。

5.打攔網者的手指尖出界

要對準攔網者手指尖擊球，向遠處平擊，使球打手後向端線界外飛出。

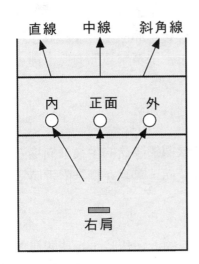

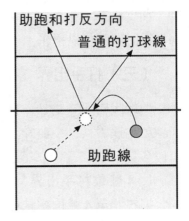

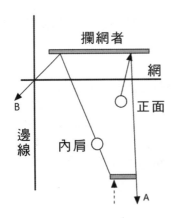

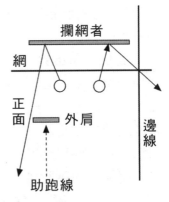

打手出界圖解

運用直角形助跑，在較低的位置起跳

以攔網者的手為目標，由內向外將球推出

擊球後一定要注意球的落點，並準備下一動作

（四）超手扣球

扣球時隊員利用自己的身高和彈跳優勢，將球從攔網者手的上空擊入對方場區的一種扣球方法。這種扣球力量不大，路線較長。隊員充分利用助跑起跳，保持好擊球位置，擊球時利用收胸動作帶動手臂揮動，肩盡量上提，手臂充分伸直，以提高擊球點。在右肩前上方，以全手掌擊球的後上部，使球從攔網者手的上面呈上旋長線飛出。

超手扣球需要良好的彈跳能力

（五）輕打

隊員佯做大力扣球，但在擊球瞬間突然減慢手臂揮動速度，將球輕打在對方空檔的一種扣球方法。這種扣球的助跑、起跳、揮臂動作與大力扣球一樣。但在擊球前，手臂揮動速度突然減慢，手腕放鬆，以全手掌包滿球，輕輕向前上方推搓，使球從攔網者手的上空呈弧線落入對方空檔。輕扣最好在攔網者下落時採用。

【要點】

輕扣要巧，假動作要逼真，擊球時力量不要太大，手
掌有輕輕向前推送的意思。

（六）吊 球

吊球是一種輔助性的進攻手段，即運動員在起跳後以
手指手腕用傳球、撥球、壓球、搓球等手法，把球吊入對
方空檔的進攻方法。

1.高壓吊球

當球近網時，在空中伸直手臂，利用手臂、手指和手
腕的主動用力，用手指第一指節觸壓球的後上方，但屈肘
動作不宜過大，更不可有捺球動作。

高壓吊球

2.輕吊球

跳起後佯作扣球，突然改成單手傳球動作，擊球的後上方或後側上方將球擊入對方空檔場區。這種方法雖然出球緩慢，但可避開強攔網，容易控制球的落點，尤其是容易掌握擊球的時機，可造成吊球隨攔網者同時落地的效果。

輕吊球

七、扣球技術的運用

（一）近網扣球

對距網 50～100 公分以內的二傳球進行扣擊為近網扣球，近網扣球時，由於靠近球網，扣球人要注意垂直起

跳，起跳後，挺胸抬臂，主要是利用含胸動作發力，以肩為軸向前揮動手臂，加強屈肘和甩腕動作，以全掌擊中球後中上部，擊球點不宜靠後。擊球時，手掌包滿球，手腕快速抖動，擊球後手臂順勢收回，以防止手觸網。

（二）遠網扣球

對距網 150 公分以外的二傳球進行的扣擊為遠網扣球，遠網扣球時，由於遠離球網，扣球人可以充分利用收腹，加大手臂揮擊動作，增加扣球力量。擊球瞬間，手腕推壓動作要明顯。

近網快球

（三）調整扣球

是指二傳球以後傳到網邊進攻位置的情況下，扣球人進行扣擊的一種進攻方法。調整扣球技術與正面扣球技術動作相同，但由於球從後場傳來，因而，扣調整球助跑前要撤到邊線以外，以便觀察來球情況，選擇準確的助跑、起動時機和起跳位置。扣球時，根據球與網的距離，靈活地運用近網扣球或遠網扣球的不同手法。

（四）扣快球

是指扣球隊員在二傳隊員傳球前或傳球的同時起跳，把球扣入對方場區的一種扣球方法。這種扣球速度快，時間短，突然性強，牽制性大，能在時間上和空間上爭取主動。

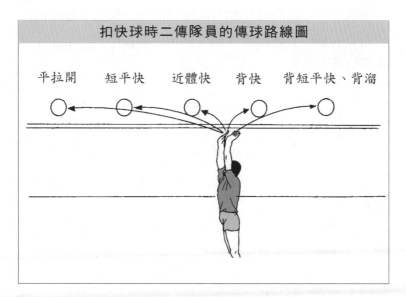

扣快球時二傳隊員的傳球路線圖

平拉開　　短平快　　近體快　　背快　　背短平快、背溜

快球分為：近體快球、背快、短平快、背短平快、背平快、平拉開、半快球、調整快和單腳快等。不管扣哪種快球，都應注意：

第一、助跑的步法要輕鬆、快速、靈活、有節奏；起跳動作要下蹲淺，起跳快，起跳時間準確。

第二、擊球時，上體動作和揮臂動作的幅度要小，主要利用前臂和手腕加速甩動擊球。揮臂的時間要早，球來之前就要揮臂，球到時正好擊球。

1.扣近體快球

在二傳隊員體前或體側 50 公分左右扣出的快球，統稱為近體快球。由於近體快球的傳球距離短，所以速度快，節奏快，與隊友配合也有很強的掩護作用。

扣近體快球時，應隨一傳助跑到網前，當二傳傳球時，扣球隊員在其體前或體側近網處迅速起跳，起跳後要快速揮臂，將剛剛傳出網口的球扣入對方場區。擊球時，利用收胸動作，帶動前臂和手腕迅速鞭打甩動，以全手掌擊球的後上部。

【要點】

①前快球的助跑角度保持在 45 度為宜，助跑速度根據一傳的高低和二傳距離的遠近來決定。

②當球落在二傳手上時，扣球人應在二傳人面前約一臂距離處迅速起跳。

③在空中等球，當二傳球上升到網的上沿或快要下落時，應迅速甩腕抽擊球的後上方。

④如果球在網的上空，抽擊後手臂要順勢收回，避免手碰網。

扣近體快球

2.扣背快球

在二傳背後約 50 公分處扣的快球，稱為背快球。這種扣球與近體快球的打法相同，所不同的是二傳隊員看不見扣球隊員動作，這需要扣球隊員主動配合，去適應二傳。

3.扣短平快

在二傳隊員體前 2 公尺左右處，扣二傳隊員傳過來的高速平快球，稱短平快球。這種扣球由於球速度快，因而進攻的節奏快；二傳的弧度平進攻的區域寬，有利於避開攔網。扣短平快球，一般採用外繞或小於 45 度角助跑，在二傳傳球的同時起跳並揮臂截擊平飛過來的球，扣球手法與近體快球相同，還可根據對方攔網的位置提前或錯後擊球。

短平快二傳傳球路線

4.扣背短平快

在二傳隊員背後 1.5 公尺扣背傳過來的高速平快球，稱為扣背短平快。打法與短平快一樣，由於二傳隊員看不見扣球隊員動作，扣球隊員應主動適應二傳隊員傳來的

球。

5.扣背平快球

扣球隊員在二傳隊員背後 2 公尺左右處，扣背傳過來的快速平快球，為背平快球，也稱背溜。背平快的打法與背短平快一樣。

6.扣平拉開球

在 4 號位標誌杆附近扣二傳從 5 公尺左右遠處傳來的快速平快球，稱為平拉開快球。其特點是指有效地利用網長及進攻區域寬度，能爭取有利的時間和空間，易擺脫對方攔網。在二傳隊員傳球前，4 號位隊員就要開始進行外繞助跑，待二傳出手後，扣球隊員在標誌杆附近起跳，截擊來球。扣球動作與短平快相同，但不能提前揮臂，要看準來球後再揮臂擊球。

7.扣半快球

在二傳隊員附近起跳，扣超出網口兩個半球高度的球，稱為半快球，也稱半高球或「二點五快球」。半快球擊球點較高，有利於看清攔網隊員的手和對方的防守布局，易運用各種避開攔網的扣球手法。半快球在二傳出手後再起跳，擊球動作與近網扣球動作相同。

8.扣調整快球

一傳不到位，二傳把球調整到網口進行快球進攻，稱為調整快球。這種扣球可以擴大進攻範圍，增加進攻的突然性，但傳扣的難度較大，對起跳時間和地點的配合要求較高。扣調整快球要根據二傳的位置和傳球方向，選擇好助跑的角度、路線和起跳時間，在助跑中邊觀察邊判斷，助跑路線宜與網成小角度，並力爭保持在與二傳球飛行路

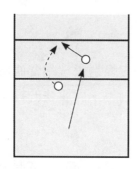 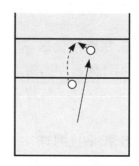

線形成交叉點處起跳。起跳時，左肩斜對網，右臂隨來球順勢向前揮動追擊球，在球飛至網口時，手腕迅速推壓將球擊入對區。

9.扣遠網快球

扣二傳傳出的距網 80 公分左右縱深上空的快速低弧度球為遠網快球。這種扣球可以擴大進攻範圍，改變進攻節奏，增加進攻的突然性。扣遠網快球的助跑最後一步不宜過大，以便利用向前衝跳，使身體有一個略向前的飛行階段。

遠網扣球的起跳位置一般距網 2 公尺以外。扣球時，利用收胸、收腹動作帶動手臂和手腕向前甩動，在頭的前上方以全手掌擊球的後上部，使球呈上旋過網。

10.扣後排快球

在進攻線後起跳扣的快球為後排快球，一般由後排隊員進行扣殺。扣球隊員大都在進攻線後衝跳，扣距網 2 公尺左右的低快球。擊球時，以全掌擊球的後中部，手腕要有推壓動作，使球呈上旋過網。

11.單腳快球

助跑起跳方法與單腳起跳扣高球相同，但助跑起跳的

調整快球

　　邊跑邊觀察，助跑的路線與球網的夾角要小，以便觀察球的飛行路線和落點，使起跳點與二傳球的飛行路線形成交叉點。

　　擊球時，利用含胸收腹動作，帶動手臂向前上方揮動，以全手掌擊球的後上方。手觸球時，手腕要有明顯的推壓動作，使球上旋。

速度和擊球動作的節奏都比單腳扣高球快,故不能提前起跳。由於單腳起跳的助跑速度快,起跳容易前衝,因此起跳點要離二傳隊員稍遠,助跑的路線與網的夾角要小,注意落地動作,防止與二傳隊員相撞或中線犯規。

單腳起跳打快攻優越性很大,主要有以下幾種:

（1）單腳前快

助跑起跳的方法與單腳起跳扣球相同,但由於起跳快,故不能過早助跑,且由於單腳起跳前衝較大,故應與網成小角度助跑,起跳點要離二傳手稍遠。並要注意落地動作,防止與二傳隊員相撞或過中線。

（2）單腳背快

單腳背快是從 3 號位向 2 號位背後助跑,動作與單腳前快相同。

（3）單腳短平快

從四號位與網成小角度助跑至 3、4 號位之間單腳起跳扣傳來的快速短平球。助跑動作同單腳前快,可以截擊扣殺來球,也可以讓球飛到左側再做轉體扣殺。

單腳前快

（五）自我掩護扣球

用自己扣各種快球的假動作來掩護自己實扣的半高球進攻，可分為時間差、位置差和空間差三大類。

1.「時間差」扣球

扣球隊員以逼真、甚至誇大一點的動作，伴作快球或短平快球的起跳，但實際並未跳起，以欺騙對方攔網隊員起跳，待攔網者下落時，再迅速原地起跳扣半高球或小弧度球，造成伴裝扣球和實際扣球時間上的差異，即為「時間差」扣球。而伴裝扣球和實際扣球時間上差異的結果是扣球和攔網之間時間上的差異，從而使扣球人成功地擺脫攔網。常用的「時間差」扣球有：近體快球「時間差」、背快球「時間差」、短平快「時間差」、背溜「時間差」等。

2.「位置差」扣球

扣球隊員按原來扣球的時間助跑，在助跑後伴作踏蹬動作，下蹲與擺臂動作明顯的起跳扣球，但助跑後不起跳，待對方隊員攔網起跳時，突然變向側跨出一步，動作幅度、揮臂幅度要小，速度要快，用雙足或單足「錯」開攔網人的位置起跳扣球，即為「位置差」扣球，或稱錯位扣球。常用的「位置差」扣球有：短平快球向3號位錯位扣、近體快球向2號或3號位錯位扣，背快球向2號位錯扣等。不管採用哪種錯位扣球都應注意以下兩點：

第一，按原來各種快球的時間助跑、踏跳下蹲、制動和擺臂，動作要逼真。

第二，變向跨步起跳時，動作應連貫，擺臂應幅度

近體快向 2 號位錯位扣球：扣球隊員做扣近體快球起跳，但並未起跳，待對方攔網者跳起時，突然向右跨步到一傳隊員身後起跳，扣背傳半高球。

小、速度快。

3.「空間差」扣球

扣球隊員利用助跑的衝力和專門的踏跳技術，使身體向前上方躍出，把正面取位盯人攔網的對手甩開，使扣、攔在空中出現差誤，即為「空間差」扣球，也叫沖飛扣球。常用的「空間差」扣球有：佯扣短平快球突然向前衝跳到二傳手身前扣半高球的「前飛」，佯扣快球而沖跳向二傳人背後扣小弧度球的「背飛」，佯扣前快球而側身向左起跳追擊扣球的「拉三」，以及佯扣短平快球而側身向左起跳追擊扣球的「拉四」。

（1）背　飛

扣球隊員在扣近體快球的位置上起跳後，沖飛到二傳隊員身後 1～1.5 公尺處扣背傳的平弧半快球，稱背飛。背飛扣球同樣可用單腳或雙腳起跳，但單腳起跳比雙腳起跳有更大的優越性，因它能更充分利用助跑速度。目前女子

採用助跑單腳起跳背飛較多。

背飛的動作方法同前飛，但起跳點在二傳手的體側，擊球時人在空中追球（人與球同向飛行）。背飛擊球區域較寬，不受二傳站位限制，可選擇有利的突破口。由於背飛是扣球隊員由3號位飛行到2號位標誌杆附近擊球，故做轉體扣球較多。

（2）前　飛

伴扣短平快，突然向前衝跳，「飛」到二傳手前扣半高球。前飛的助跑路線與網夾角很小，有時可順網助跑，助跑的最後一步跨出左腿，步幅不宜過大。左腳蹬地的同時，右腿和雙臂配合向前上方擺動，使身體向前上方沖跳。擊球時，利用向左轉體和收胸動作帶動手臂揮動擊球。擊球後，雙腳同時落地，以緩衝下落力量。

（3）拉　三

扣球隊員在扣近體快球的位置上起跳，二傳隊員將球傳在扣球隊員的左前方拉向3號位一側扣快球，稱拉三。這種扣球也是利用空中位移來避開對方的攔網。在助跑最後一步踏地時，右腳應有意踏向右側一些，使身體重心向左傾，以便向左側起跳後，利用向左轉體、轉腕動作，將球從攔網者的右側擊過球網。

（4）拉　四

扣球隊員在扣短平快球的位置上起跳，二傳隊員將球傳在扣球隊員的左前方拉向4號位一側，扣球隊員側身向左跳起追擊球，在左側前方扣短平快球。扣球方法與「拉三」相同。

八、扣球技術的教學與訓練

扣球技術動作結構複雜，教學難度大，在教學中需要抓住兩個關鍵環節，即揮臂擊球動作和助跑起跳的節奏。扣球技術的教學順序是：4號位扣一般高弧度球，2號位扣一般弧度球，3號位扣快球。快球首先學習近體快球、短平快球，然後安排學習扣其他球技術。

由於扣球技術較複雜，應分解教學揮臂擊球、起跳練習、扣定點球練習、扣一般弧度球練習、綜合練習等，循序漸進。

小　結

　　扣球在比賽中占有重要的地位，是得分的主要手段，是進攻中最積極有效的武器，是一個隊擺脫被動爭取主動的途徑，是攻擊力強弱的表現，扣球的成敗，體現著隊伍的戰術質量和效果。扣球效果好，可以鼓舞全隊士氣，振奮精神，從而挫傷對方的銳氣，給對方造成強大的心理壓力。

　　排球比賽是雙方的對抗，扣球是進攻最犀利的武器。在高水準的比賽中，沒有銳利的扣球，要取得勝利是不可能的。比賽也正因為猛烈凌厲地扣球顯得精彩紛呈，吸引著無數球迷。中國男排的汪嘉偉、女排的郎平，前蘇聯男排的薩文，古巴女排的路易斯，美國女排的海曼等都是球迷心目中的英雄。無疑，優秀的扣球是最容易造就球星的。

第 攔網技術

7

章

攔網是防反的第一道防線和得分的重要手段。攔網不僅能攔死、攔回、攔起對方的扣球，還可以削弱對方進攻銳氣，動搖扣手信心。高水準的比賽中，攔網的好壞直接影響著比賽的勝負。

隨著排球運動的發展及比賽規則的變化，攔網技術得到不斷發展和變化。

20世紀50年代，由於規則不允許手過網攔網，人們採用手後仰攔網，攔網僅是一項防禦技術。

1965年規則允許攔網時手過網擊球後，攔網從單純防禦的被動性質變為了防攻結合的技術，伸手過網包球捂蓋，抖腕下甩的「蓋帽式」攔網技術產生。

20世紀70年代以後，隨著排球運動員身高和彈跳力的增強，隊員可以把肘關節以上的手臂伸到對方場地上空進行攔擊，被形容為「屋簷式」攔網。當前，為了跟上進攻速度的變化，要求攔網人移動快、起跳快，能連續跳躍，空中攔擊手形能根據扣球情況靈活變化。

初學者總認為攔網技術簡單，實際上攔網是一項比較複雜的技術，因為它的特點是攔網隊員要在短短的瞬間從防守轉為進攻，從被動轉為主動，而完成這些都要在空中進行，所以難度較大，這就要求攔網要積極主動，判斷準、起動快、跳得高、下手狠。

儘管扣球技術複雜多樣，但攔網技術卻較為單一，只是參加攔網人數有單人和集體之分而已。

一、單人攔網

（一）技術圖解

　　隊員面對球網，兩腳左右開立約與肩寬，距網 30～40 公分，兩膝微屈，兩臂在胸前自然屈肘。移動可採用併步、交叉步、跑步，向前或斜前移動。原地起跳時，重心降低，兩膝彎曲，用力蹬地，使身體垂直起跳。如果是移動後起跳，制動時，雙腳尖要轉向網，同時利用手臂擺動幫助起跳。攔網時兩手從額前平行球網向網上沿前上方伸出，兩臂平行，兩肩盡量上提，兩臂盡力過網伸向對方上空，兩手接近球，自然張開，手觸球時兩手要突然緊張，用力屈腕。主動蓋帽捂住球。

【要點】
垂直上跳，含胸收腹，提肩伸臂，過網攔擊。

原地起跳攔網

（二）技術分析

攔網技術動作包括：準備姿勢、移動、起跳、空中動作和落地 5 個互相銜接的部分。

1.準備姿勢和取位

面對球網，密切注視著對方動向，兩腳平行開立，約同肩寬，距網 30～40 公分，兩膝稍屈，兩手自然彎曲置於胸前，隨時準備起跳和迅速向兩側移動。高大隊員則雙手上舉準備移動和起跳。

2.移　動

根據不同情況可靈活運用併步、跨步、滑步、交叉步、跑步等各種移動步法，將身體重心移動到攔網位置，取好起跳點，準備起跳。

【要點】

併步適用於近距離移動；交叉步適用於中遠距離移動，控制範圍較大，移動速度快；跑步一般在距離較遠時採用。

交叉步

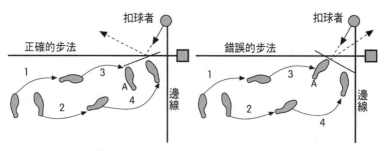

交叉步移動時的步法和止步法（A要注意腳尖的方向）

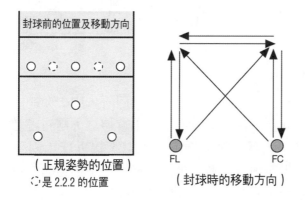

封球前的位置及移動方向

（正規姿勢的位置）
是 2.2.2 的位置

（封球時的移動方向）

FL　　　　　　　　FC

3. 起　跳

　　移動後立即制動，使身體正對球網後起跳，或在起跳過程中在空中使身體轉向球網。如是原地起跳則從攔網準備姿勢開始，兩腳用力蹬地，兩臂在體側劃小弧用力上擺，帶動身體向上垂直起跳。高大隊員由於不用太借助擺臂力量帶動身體上跳，因而準備姿勢時便雙手上舉，起跳時主要用下肢力量，這樣便於上手迅速伸出球網攔擊扣球。起跳時膝關節的彎曲深度可因人而異，可因來球不同而異，但腰、膝、踝關節的形成角度大體上各為 90 度、100〜110 度、80〜90 度為宜。

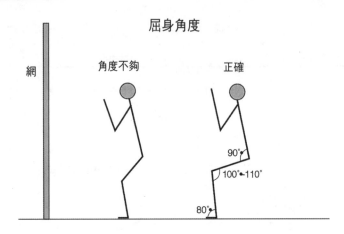

屈身角度

4.空中擊球

起跳後稍收腹，控制平衡。同時，兩手從額前貼近並平行網向網上沿前上方伸出，兩臂伸直，兩肩盡量上提。攔擊時，兩手盡量伸向對方上空，接近球，兩手自然張開，屈指屈腕呈勾型。當手觸球時，兩手要突然抖腕，用力捂蓋球前上方。

攔擊時根據對方扣球線路變化，兩手在空中向球變線方向伸出，對側手掌心在攔擊球時內轉包球，以防止被打

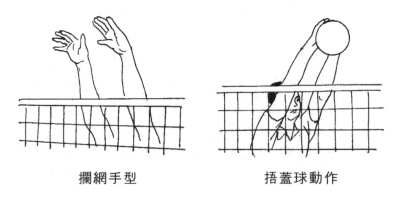

攔網手型　　　　　捂蓋球動作

手出界。如對方擊球點高，不能接近球進行攔網時，可以採用手腕後仰的方法，堵截扣球路線，以便將球向上攔起。

包球動作

後仰攔網

5.落　地

攔網後自然落回地面，落地時屈膝緩衝，落地後準備做下一動作。

6.關於空中移臂攔截

手臂空中移動攔截，是為了提高攔網成功率，有以下幾種情況：

（1）隨球轉移攔截：兩手臂由直臂改為側倒斜向攔網。如向左攔截，左臂伸直斜向，橫放在網口上方，右臂屈肘，前臂在額部上方與網口平行，兩手間距離不大於球體直徑，增大攔網的寬度，以手掌、手指堵截路線。

（2）聲東擊西攔截：攔網者有意對準球站位，準備讓出一條扣球路線空檔；但當對方向這條空檔路線扣球時，兩臂突然伸向空檔，阻攔對方扣球。

（3）兩臂夾擊攔截：攔網前，兩臂分開上舉，扣球

隊員可能從兩臂中間空檔扣球，但當對方扣球隊員擊球時，攔網隊員兩手突然由外向內匯合，使兩臂夾擊阻攔對方扣球。

7.易犯錯誤及糾正方法

易犯錯誤	糾正方法
起跳過早	按照攔網節奏給與起跳信號。起跳前深蹲慢跳
手下壓觸網	一對一原地扣攔練習。結合矮網，提肩屈腕把球攔下
攔網時低頭閉眼睛	隔網攔對方拋來的球，逐步過渡到攔輕扣球
身體前撲觸網	多練順網移動起跳

二、攔網技術的運用

（一）攔強攻球

強攻的特點是擊球點高、力量大、扣球線路多，攔強攻要組成集體攔網，並要晚跳高跳，組成儘可能大的阻擊面。

（二）攔快球

1.攔近體快球

快球的特點是速度快、弧度低，不易變線。扣快球多在2、3號位進行，因擊球點距網近而速度快，為此攔網時

較難組成集體攔網，多採用單人攔網。攔網時，根據扣球的特點，起跳、伸臂要快，正對扣球隊員，手要伸過網去接近球，將球罩住。

2.攔短平快球

短平快球與近體快球一樣，具有速度快、弧度低的特點，同樣不易組成集體攔網。攔網時，由於球順網低平弧度飛行，所以給判斷增加了困難，為此在攔網時要人球兼顧，重點要判明扣球隊員的助跑路線和起跳時機。攔網起跳要同時或稍早於扣球隊員起跳，攔網應根據扣球隊員的助跑方向和扣球線路將手伸過網攔堵住其主要線路。

3.攔三差扣球

攔三差扣球要注意了解扣球隊員的技術特點和習慣，在此基礎上進行觀察判斷，果斷的進行攔擊。時間差和位置差進攻需先做自我掩護，而一般來講，先作自我掩護再加球與正常節奏的扣球是有區別的，如改變正常節奏，提前助跑，佯跳的身體姿勢較高，沒有手臂擺動的配合等。觀察發現上述異常後，就要及早移動對正扣球隊員，做好起跳的準備，動作節奏與扣球隊員要保持一致，當扣球隊員實跳扣球時，也隨之起跳攔網。

三、個人攔網戰術

個人攔網戰術是透過準確的起跳時機，空中的攔網高度、攔擊面和手型動作的變化等因素來實現的攻擊行動，具體運用如下：

1.假動作

攔網隊員可靈活地運用站直攔斜、站斜攔直、正攔側堵及佯裝攔強攻、實為攔快攻等假動作迷惑對方，提高攔網效果。

2.變化手型

起跳後，根據進攻隊員的動作改變，攔網手型隨機應變，以達攔擊對方的目的。

3.撤　手

在發現對方要打手出界或平扣球時，則可在空中及時將手撤回，造成對方扣球出界。

4.踮跳攔網

身高和彈跳較好的隊員為了更好地攔擊對方快速多變的戰術，採用踮跳攔第一點的快攻球，再迅速起跳攔第二點的進攻。

5.前伸攔網與直臂攔網

右攔擊對方中、近網扣球時，手臂儘可能前伸接近球，封堵進攻路線，在對方遠網扣球時，儘可能直臂攔擊，以增加攔網面。

6.單腳起跳攔網

利用單腳起跳快、空中飛行距離長的優勢，以彌補雙腳起跳來不及的攔網。但要控制好空中飛攔的距離，避免衝撞本方隊員。

單人攔網可分為：與對方扣球隊員相對位置隊員攔網和固定由3號位隊員攔網兩種。

（1）與對方扣球隊員相對位置隊員攔網的防守陣形：以對4號位進攻為例。由本方2號隊員單人攔網，3號

位後撤防吊球，不攔網的 4 號位隊員後撤防守，與後排三
人組成半弧形防守圈，每人防守一個區域。

（2）固定由 3 號位隊員攔網的防守陣形：無論對方從
任何位置發起進攻，均由 3 號位隊員攔網，2、4 號位隊員
後撤與後排三人共同組成防守陣形。如對方 3 號位隊員進
攻時，也可由 6 號位隊員上前防吊，2、4 號位隊員後撤防
守。

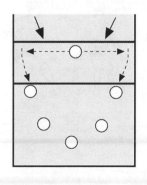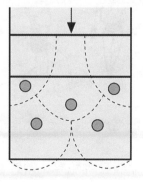

四、集體攔網戰術

集體攔網應在個人攔網技術的基礎上進行兩人和三人的互相配合。

集體攔網時應注意以下幾點：

（1）集體攔網要確定攔網的主攔隊員，其它隊員密切協同配合，防止各行其事。

（2）集體攔網重要的是主攔隊員正確的取位和確定攔網的中心。正確的攔網中心應是主攔隊員內側的手。

（3）起跳時相互之間要保持一定的間隔距離，並控制好身體重心，避免互相衝撞或干擾。

（4）攔網時相鄰的攔網隊員在球網上空的手之間的距離既不能讓球漏過，又組成儘可能大的攔阻面。

（5）身材高矮不同的攔網隊員要加強配合。一般說，

起跳時相互之間要保持一定的間隔距離

高個子隊員起跳時間應遲於矮個子隊員，因為後者起跳的過程比前者要長。

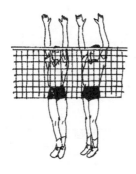

集體攔網時，相鄰攔網隊員的手之間的距離不能讓球漏過，同時還要組成儘可能大的攔阻面。

（一）雙人攔網

雙人攔網是集體攔網的主要形式。根據對方不同的進攻位置，雙人攔網的具體分工也不同。當對方從四號位組成拉開進攻時，應以本方 2 號位隊員為主，3 號位隊員協同配合，組成雙人攔網；當對方從 3 號位進攻時，一般應以本方 3 號位為主，4 號位或 2 號位隊員協同配合；若對方從 2 號位進攻，則以本方 4 號位隊員為主，3 號位隊員進行協同配合攔網。

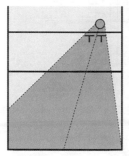
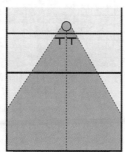
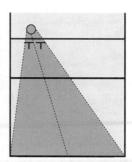

（二）三人攔網

三人攔網多在對方高點強攻不善於吊球時採用。在組成三人攔網時，一般都應以中間隊員為主，兩側隊員協同配合。有時根據對方進攻特點，也可以 2 或 4 號隊員為主，另外兩隊員配合。

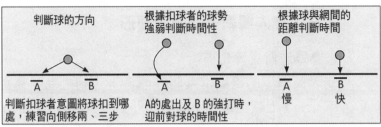

判斷球的方向

判斷扣球者意圖將球扣到哪處，練習向側移兩、三步

根據扣球者的球勢強弱判斷時間性

A的處出及 B 的強打時，迎前對球的時間性

根據球與網間的距離判斷時間

慢　快

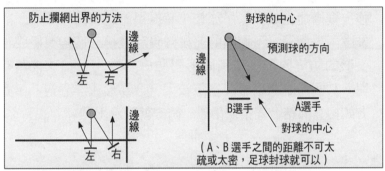

防止攔網出界的方法

邊線

左　右

邊線

左　右

對球的中心

邊線

預測球的方向

B選手　A選手

對球的中心

（A、B 選手之間的距離不可太疏或太密，足球封球就可以）

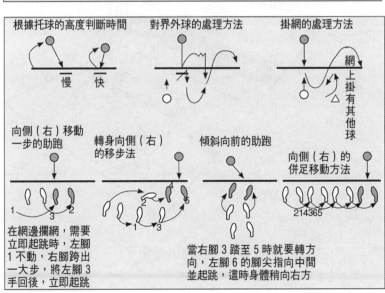

根據托球的高度判斷時間

慢　快

對界外球的處理方法

掛網的處理方法

網

上掛有其他球

向側（右）移動一步的助跑

1　3　2

在網邊攔網，需要立即起跳時，左腳1不動，右腳跨出一大步，將左腳3手回後，立即起跳

轉身向側（右）的移步法

1　3

傾斜向前的助跑

當右腳 3 踏至 5 時就要轉方向，左腳 6 的腳尖指向中間並起跳，這時身體稍向右方

向側（右）的併足移動方法

214365

（三）雙人攔網時的防守陣形

1.邊跟進防守陣形

雙人攔網下的邊跟進邊防守陣形，也稱之為「馬蹄形」或「一、五號位跟進」防守陣形。這種陣形是目前國內外強隊廣泛採用的一種陣形。一般在對方進攻力量比較強，戰術變化較多，吊球較少時採用。這種防守陣形，前排由兩人攔網，不攔網的前排隊員和後排三個隊員組成半弧形的防守陣形。這種陣形對防守對方大力扣球較為有利。其弱點是球場中間空隙較大。容易形成「心空」，對方如扣直線結合輕扣或吊球，防守就較為困難。

「邊跟進」防守陣形的布局變化：

（1）活　　跟

在對方扣球路線變化多，而且打吊結合的情況下，應

採用活跟，例如，6號位隊員就要
向跟進隊員的守區一側移動，以彌
補後場空檔。

（2）死　跟

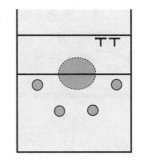

對方扣球直線少，吊球多，或
我方攔網已完全封鎖了直線，1或5
號位隊員就可跟到底，以防吊為
主，兼防攔網打手出界球。如果防
1號位的是二傳隊員，將對組織反攻更為有利。其他三人
組成整個防線並略向跟進一側移動，以彌補1號區的空
隙。

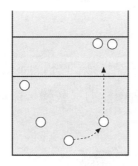
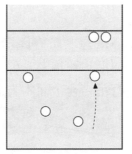

（3）內　撤

對方扣直線多，並常運用吊心球，4號或2號位隊員
可採取內撤防員，內撤時要果斷，一撤到底。這種防守的
弱點是不利於轉入反攻。當對方向斜角吊球或扣小斜線
時，防守也比較困難。

（4）雙　卡

對方以吊球和輕打為主，打吊結合，本方攔網又較強

時，就可採用 4 號位內撤，同時 1 號位跟進的辦法協同防守前排的吊球。但雙卡防守時，後場只有兩人防守，空隙太大，兩人跟進要適時，過早地跟上會被對方識破，於我不利。

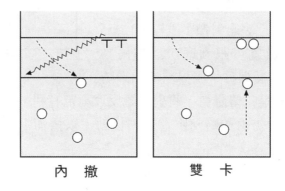

內　撤　　　　　　雙　卡

2.「心跟進」防守陣形

這種陣形也可稱為「6 號位跟進」防守陣形。當對方經常採用打吊結合，而本方攔網能力又較強，能封住後場

中區，6號位或某個隊員又善於防吊球時，可採用「心跟進」防守陣形。採用「心跟進」防守陣形，對防吊球和攔網彈起的球較有利，也便於接應和組織反攻。但後場只有兩人防守，空隙較大，後場中央和「兩腰」容易造成空檔。如對方進攻戰術多變，突破點多時，則不宜採用這種防守陣形。

　　防守的區域和範圍：對方4號或2號位隊員進攻時，本方由2號和3號攔網，封鎖中區，4號位隊員後撤至4公尺左右防守，6號位隊員跟至攔網隊員身後3公尺附近，1、5號位隊員在後場防守，每個位置負責一定的區域。

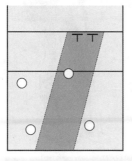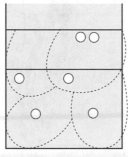

五、攔網技術的教學與訓練

攔網的教學應放在扣球之後進行。先教手型和手臂動作，後教準備姿勢和原地起跳方法，最後學習移動起跳攔網。其中攔網時機和攔網取位是兩個關鍵環節。

練習時可以先做徒手練習、跳起攔固定球、低網扣攔練習、原地起跳攔高臺扣球、移動攔網練習，最後結合扣球練習實戰攔球技術。

小　結

　　攔網是防守的第一道防線，是反攻的重要環節。在高水準比賽中，攔網水準的高低直接影響著比賽的勝負。當前世界高水準的對抗主要在網上，也就是網上的攻攔對抗，強勁銳利的扣球進攻固然賞心悅目，但攔網的封截也絕對是驚心動魄。

　　攔網技術同其他技術一樣，也是不斷發展的。在20世紀50年代，由於當時規則規定不允許手過網攔網，各隊普遍採用雙手後仰攔網，當時攔網的思想是將球攔起使其高飛，以便於組織反攻，攔網的性質是以防禦、以削弱對方進攻威力為主。

　　20世紀60年代，規則改變，攔網手允許過網，我國運動員創造性地運用了蓋帽式攔網，在當時的比賽中收到了良好的效果。1977年，規則規定攔網觸球不算一次擊球，又大大促進了攔網技術的發展，使攔網成為攻擊性很強的技術。20世紀80年代以來又出現了補跳攔網、重疊攔網、手臂空中移位攔網，特別是對後排進攻的攔網也有了發展和提升。

訓練日記

第 排球基本戰術

8

章

戰術是進行戰鬥的原則和方法。排球戰術是指隊員在比賽中，根據排球規則要求、排球運動規律和比賽雙方情況，合理運用技術所採用的有意識、有目的、有組織的個人和集體配合行動。

全面、準確、熟練和實用的技術是組織戰術的基礎，而合理地運用戰術又能更加充分地發揮技術的威力。

一、排球戰術的分類

排球戰術可分為個人戰術和集體戰術兩大類。集體戰術又進一步分為接發球及其進攻（簡稱一攻）、接扣球及其進攻（防反）、接攔回球及其進攻（保攻）、接傳、墊球及其進攻（推攻）四個戰術系統。

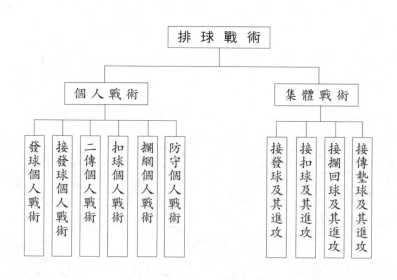

二、陣容配備

陣容配備指比賽時場上人員的搭配布置。陣容配備的目的是合理地把全隊的力量搭配好，更有效地發揮每一個隊員的特長和作用。為此，在組織陣容時，應該考慮根據隊員的身體素質、技術水準合理安排其在陣容中的位置，把進攻力量強的和防守技術好的隊員搭配開，使每一輪次都有較強的進攻能力和較好的防守能力；主攻手、副攻手和二傳手分別安插在對稱的位置上，以便在輪轉時保持比較均勻的攻防力量；根據戰術需要和隊員間默契程度，把平時配合較好的進攻隊員和二傳隊員安排在相鄰的位置上；扣球好的主攻手一開始站在最有利的位置上，如 4 號位；防守好的隊員，應站在後排；本方有發球權時，發球好的隊同最好站在 1 號位；發球權在對方時，發球好的隊員可站在 2 號位；一傳較差的隊員儘可能不要安排在相鄰的位置上，避免形成薄弱地區。

根據各隊不同的技術水準和戰術特點，一般有以下三種陣容配備。

二傳
主攻　　　　副攻
二傳
副攻　　　主攻

「四二」配備

二傳
攻手 攻手 攻手
二傳
攻手　攻手

「五一」配備

二傳
攻手　　　攻手
攻手
二傳　　二傳

「三三」配備

1. 「四二」配備

即場上兩個二傳手、四個攻手（其中兩個主攻手、兩個副攻手），安排在對稱的位置上。每一輪次前排都有一個二傳隊員和兩個進攻隊員，便於組織前排二傳傳球的兩點進攻和後排二傳插上傳球的三點進攻。但每個進攻隊員必須熟悉兩個二傳隊員的傳球特點，配合比較困難。

2. 「五一」配備

即場上一個二傳隊員，五個進攻隊員。為了彌補有時主要二傳隊員來不及傳球所出現的被動局面，通常在二傳隊員的對角位置上，配備一名有進攻能力的接應二傳隊員。二傳隊員在前排時採用兩點進攻，二傳隊員在後排時採用插上傳球的三點進攻，由於前排三個都是攻手，可以加強進攻和攔網的力量。「五一」配備中，全隊進攻隊員只需適應一名二傳隊員傳球的習慣、特點，容易建立配合間的默契。但防反時，一傳隊員如果在後排，要插上傳球，難度較大。

3. 「三三」配備

即三名能攻的隊員與三名能傳的隊員間隔站位，使每一輪次都有傳有扣，是初學者常用的一種陣容配備。

三、位置交換

排球規則規定，發球以後，隊員在場上可任意交換位置。利用這一規則，各隊通常採用專位進攻、專位防守的方法。一般來說，在前排，主攻隊員換在 4 號位，攔網好、移動快、連續起跳能力強的副攻隊員換到 3 號位，二傳隊員換到 2 號位；在後排，主攻隊員換到 5 號位，副攻

隊員換到 6 號位，二傳隊員換到 1 號位。這種位置交換，使隊員專位化，便於發揮每個隊員的特長，有利於讓隊員集中學習訓練掌握某項實用技術。但專位化也容易造成隊員技術的不全面。

換位時應注意：換位前，應按規則的要求站位，防止「位置錯誤」犯規；當發球隊員擊球後，立即迅速換到預定位置；對方發球時，應首先準備接球，然後再換位，以免影響接發球；本方發球時換位隊員應面向對方場區，觀察對方動態；成死球後，應立即返回原位，及早做好下一個球的準備。

四、進攻戰術

進攻戰術是指在接對方發過來、扣過來、攔過來和傳、墊過來的球後，全隊所採取的有目的、有組織的配合進攻行動。進攻戰術又可分為進攻陣形和進攻打法兩方面。

（一）進攻戰術陣形

進攻戰術陣形即進攻時的採取的隊形。進攻時所採用的陣形是基本一致的，不外「中一二」、「邊一二」、「插上」三種陣形。

1.「中一二」進攻戰術陣形

3 號位隊員作二傳，將球傳給 4、2 號位隊員進攻的組織形式。其優點是一傳向網中 3 號位墊球比較容易，因而有利於組成進攻，適合初學者採用；二傳隊員在網前接應一傳的移動距離近，向 2、4 號位傳球的距離較短，容易傳

準。缺點是戰術變化少，對方容易識破進攻意圖。

2.「邊－二」進攻戰術陣形

2號位隊員作二傳，將球傳給3、4號位隊員進攻的組織形式。其優點是右手扣球者在3、4號位扣球比較順手，戰術變化較多。缺點是5號位接一傳時，向2號位墊球距離較遠；一傳墊到4號位時，二傳傳球較為困難。

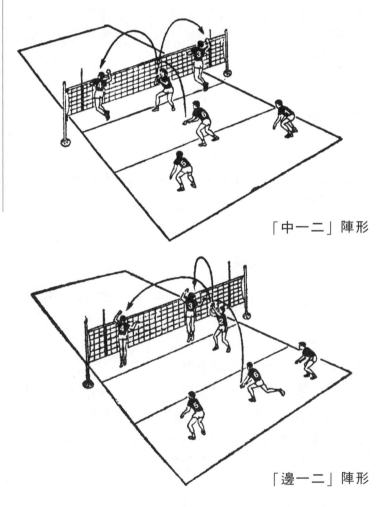

「中－二」陣形

「邊－二」陣形

3.「插上」進攻戰術陣形

二傳隊員由後排插上到前排作二傳，把球傳給前排4、3、2號位隊員進攻的組織形式。其優點是能保持前排三點進攻，戰術配合變化多，並能利用網的全長組織進攻。缺點是對插上二傳隊員的要求較高。

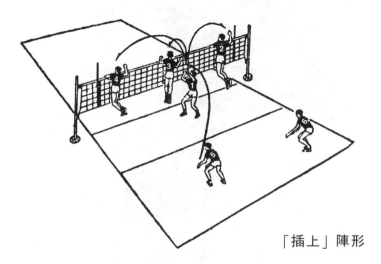

「插上」陣形

（二）進攻戰術打法

進攻戰術打法是指二傳隊員與扣球隊員之間所組織的各種進攻配合。包括強攻、快攻和兩次球進攻三種基本打法。每種打法中又有若干不同戰術配合。而所有這些打法又都可以在「中一二」、「邊一二」和「插上」三種進攻戰術陣形中具體運用。

1.強　攻

強攻指在沒有同伴掩護的情況下，在對方有準備的攔防情況下，強行突破的進攻。強攻的二傳球較高，根據不

　　強攻是排球比賽中最有效的、最積極的進攻武器。強攻得分不僅可以鼓舞全隊士氣，振奮精神，而且可以挫傷對方的銳氣，給對方造成強大的心理壓力。

同的二傳球位置，可以分為集中進攻、拉開進攻、圍繞進攻、調整進攻等，後排隊員的高球進攻也屬於強攻的打法。

2.快　攻

快攻指扣二傳傳出的各種平快球，以及用這些平快球作掩護所組成的各種戰術配合。可以分為平快球進攻、自我掩護進攻、快球掩護進攻三類。平快球進攻常用的有前快、背快、短平快、平拉開、背溜、調整快、遠網快、後排快、單腳起跳快等。自我掩護進攻包括時間差、位置差、空間差的進攻。快球掩護進攻包括各種交叉進攻、夾

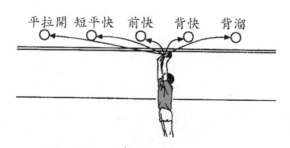

平拉開　短平快　前快　背快　背溜

各種快球

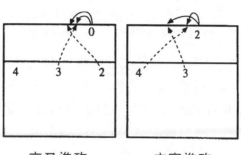

交叉進攻　　　　夾塞進攻

塞進攻、梯次進攻、前排快攻掩護後排進攻的本位進攻
等。

3.兩次球進攻

兩次球進攻指一傳來球較高，又在網前適合扣球的位
置上，前排隊員跳起來直接進行扣球，如遇攔網，就在空
中改作二傳，把球轉移給其他前排隊員進攻。

五、防守戰術

排球的防守戰術是組織進攻或反攻戰術的基礎，沒有
嚴密的防守，進攻就無從組織。而一切防守戰術都應從積
極為進攻和反攻創造條件的角度進行設計和考慮。

（一）接發球的防守戰術

當對方發球時，本方處於防守地位，也是組織第一次
進攻的開始。事先站好位置，擺好陣形，是接好發球的基
礎。

站位的陣形，不僅要有利於接球，也要有利於本方所
採用的進攻戰術。同時，還要根據對方發球的特點，採取
不同的陣形。通常多採用 5 人接發球和 4 人接發球。

1.五人接發球站位陣形

除 1 名二傳隊員站在網前或從後排插上準備二傳不接
發球外，其餘 5 名隊員都擔負一傳任務的接發球站位陣
形。其優點是隊員均衡分布，每人接發球的範圍相對減
小；接發球時，已站成了基本的進攻陣形，組織進攻比較
方便，適合接發球水準不太高的球隊。其缺點是一傳隊員

從 5 號位插上時距離較長,難度大;3 號位隊員接球時,不便組成快攻戰術;不利於隊員間的及時換位;隊員之間中間地帶較多,配合缺乏默契時,容易互相干擾。

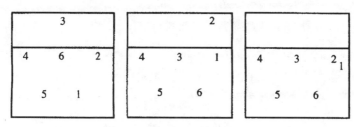

五人接發球站位陣形

2. 四人接發球站位陣形

插上二傳隊員與同列的前排隊員均站在網前不接發球,其他 4 人站成弧形接發球的站位陣形。

其優點是便於後排插上和不接發球的前排隊員及時換位;其缺點是對接發球的 4 人要求有較高的判斷、移動能力和掌握較好的接發球技術。

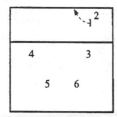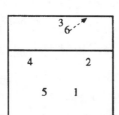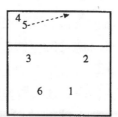

四人接發球站位陣形

不論採用那種接發球站位陣形，都應做到：

（1）合理取位

5人接發球的基本位置是前三後二。前排兩側隊員應站在距中線4～5公尺、距邊線大約1公尺處，後排隊員以前排隊員為基準，取前排隊員兩人之間的位置，避免重疊和影響視線，距端線大約3公尺為宜。此外還要根據對方發球的性能、特點隨時調整位置。

（2）明確範圍

接發球時，每個接發球隊員都應明確自己的控制範圍。做到分工明確，既不互爭互搶，也不互讓。特別要重視兩人之間的「中間地帶」和3人之間的「三角地帶」。一般來說可讓一傳較好的隊員主動接球。

（3）互相彌補

不接發球的隊員應注意隨時彌補同伴的一傳。尤其是當後排隊員接球時，前排隊員應轉身注視接球隊員，隨時準備快速移動彌補墊不到位的球。

（二）接扣球的防守戰術

接扣球的防守與組織反攻是密不可分的，只有防守成功才能有富有成效的反攻。接扣球的防守戰術是前排攔網與後排防守的整體配合，根據對方進攻情況、本隊隊員特長、防守後的反攻打法，一般可分為不攔網、單人攔網、雙人攔網和3人攔網的防守陣形。

1.不攔網的防守陣形

在對方進攻較弱，沒有必要進行攔網時，可以採用不

攔網的防守陣形。這種陣形與 5 人接發球站位陣形相似，前排進攻隊員要撤到進攻線後，準備防守和防守後的反攻；後排隊員後退，準備防後場球；二傳隊員留在網前，準備接吊到網前的球和組織進攻。

2.單人攔網的防守陣形

當對方扣球威脅不大、扣球路線變化不多、輕打吊球較多時，可以主動採用單人攔網的防守陣形。攔網隊員攔扣球人的主要進攻路線，不攔網隊員及時後撤防守前區或保護攔網人，後排隊員後撤加強後場防守。

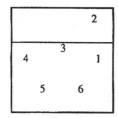
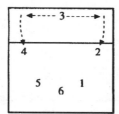
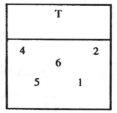

不攔網陣形　　　　單人攔網的防守陣形

3.雙人攔網的防守陣形

對方水準較高、進攻力量較強、進攻線路變化較多時，多採用這種防守陣形，即兩人攔網、4 人接球。通常分為「邊跟進」和「心跟進」兩種。

（1）「邊跟進」

多在對方進攻較強，吊球較少時採用。當對方 4 號位隊員進攻時，我方 2、3 號位隊員攔網，其他 4 個隊員組成半圓弧形防守。如遇對方吊前區，由邊上 1 號位隊員跟進防守。其優點是加強了攔網；缺點是邊上的隊同又要防直線，又要跟進防前區，比較困難。

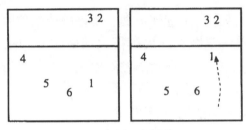

雙人攔網「邊跟進」

（2）「心跟進」

在本方攔網能力強，對方採取打吊結合時採用。當對方4號位隊員進攻時，我方2、3號位隊員攔網，後排中心的6號位隊員在本方攔網時跟在攔網隊員之後進行保護，其餘3名隊員組成後排弧形防守。其優點是加強了前區的防守能力，缺點是後排防守隊員之間的空當較大。

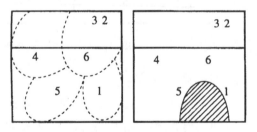

雙人攔網「心跟進」

4. 三人攔網時的防守陣形

對方主要扣球手進攻實力很強，不善吊球的情況下可採用3人攔網，3人後排接球的防守陣形。這種陣形加強了網上力量，但後防的空隙也相對增大。3人攔網時，後排防守的6號位隊員可以跟進到進攻線附近保護，也可以退至端線附近防守。

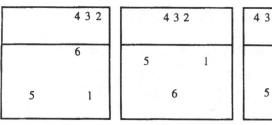

三人攔網防守陣形

（三）接攔回球的防守戰術

　　本方扣球時必須加強保護，積極防起被攔回來的球，並及時組織繼續進攻。由於攔網人可以將手伸過網攔網，攔回的球通常速度快、角度小，因而接攔回球的保護陣形應形成多道防線的弧形狀，且第一道防線緊跟在扣球人身後。以我方４號位隊員進攻，其他５人保護為例。

　　５號位隊員向前移動和向左後方移動的３號位隊員形成第一道防線，６號位隊員向前移動和內撤的２號位隊員形成第二道防線，１號位隊員保護後場，為第三道防線。其它位置進攻時，保護的陣形也可按同樣道理布陣。

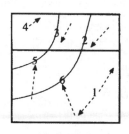

保護進攻

（四）接傳、墊球的防守戰術

當對方無法組織進攻，被迫用傳、墊球將球擊入本方時，我方的防守便稱之為接傳、墊球的防守。

這種情況在初學者中出現較多。由於來球的攻擊性小，我方的防守陣形與不攔網情況下的防守陣形相同，即前排除二傳隊員外，其他的隊員都迅速後撤到各自的位置，準備接球後組織進攻。需要注意的是在後撤和換位的過程中，動作要迅速並隨時做好接球的準備。

六、攻防轉換

在排球比賽中，攻與防是密切聯繫、相互轉換、連續進行的。這不僅在於排球技術本身具有攻與防的雙重含義，還由於全攻全守、攻防兼備是當前排球運動的發展趨勢。正在進攻的一方，必須同時注意防守；處於防守的一方，必須隨時準備反攻。

在進攻與防守的轉換中，如果準備不充分，動作不連貫，一味進攻，不注意保護和防守，或是只重防守，不能迅速轉入反攻，都可能貽誤戰機，招致失敗。

因而，在進攻的時候準備防守，在防守的時候想到進攻，才能有備無患，立於主動。同時，在陣容部署上也要有相應的措施和方法。

1.由進攻轉入防守

當球扣入對區後，進攻的一方應立即轉入防守狀態。當球扣過網或二傳不慎傳球過網後，前排隊員應迅速靠網

前站位，準備攔網；後排隊員由上前保護扣球，迅速退守原位，準備防守。其陣形一般有「三一二」站法和「三二一」站法兩種。前者適合於「心跟進」防守陣形，後者適合於「邊跟進」防守陣形。

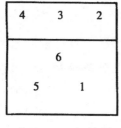

「三一二」站法

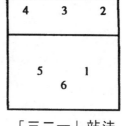

「三二一」站法

2.由防守轉入進攻

當對方扣球過網後，防守一方在防守的一剎那就轉入了進攻。這是由於後排隊員在防守來球時，必須根據本隊所採用的進攻戰術，有目的地將球防起到預定目標，並根據保護扣球的部署，立即跟進保護前排隊員進攻。

前排參加攔網的隊員，在完成攔網動作之後，必須立即轉身或後撤，準備接應或反攻扣球。前排未參加攔網的隊員，在後撤防守之後，轉入接應或反攻扣球。

小　結

　　排球戰術，是運動員在比賽中根據排球運動的比賽規律、彼我雙方的具體情況和臨場變化，有效地運用技術及所採取的有預見、有目的、有組織的行動。

　　一名隊員根據臨場情況有目的地運用技術的過程為個人戰術。如扣球時的變線、輕扣、打手出界等。兩名或兩名以上隊員之間有組織、有目的的集體協同配合為集體戰術。兩者相輔相成，互相促進、互相補充。

　　一個隊在選擇戰術時，首先應從本隊的實際出發，根據隊員的技術水準、技術特點、身體條件和體能等情況，選擇與之相適應的戰術。在運用戰術時，還要根據對方的技戰術特點及臨場情況變化，採取靈活的行動，打亂對方的戰術意圖，以掌握比賽的主動權。

　　現代排球戰術表現為男女排之間戰術相互融合，網上優勢已成為進攻戰術效果的重要保證。進攻點後移，立體進攻廣泛運用，使得攻防轉換加快。二傳一點多線，形成立體式傳球。攔一防配合及「自由人」的合理運用是實施進攻戰術的基礎。「每球得分制」的實行，對戰術運用的穩定性和準確性要求更高。

第 排球比賽方法及規則

章

一、場地、器材、設備

二、主要規則及裁判方法

一、場地、器材、設備

（一）排球比賽場地

排球比賽場地包括比賽場區和無障礙區，其形狀為對稱的長方形。

1.排球比賽場地地面的規定

排球比賽場地的地面必須平坦、水平，並且劃一。不得有任何可能傷害隊員的隱患。不得在粗糙、濕或滑的場地上進行比賽。

正式國際排聯世界性比賽場地的地面只能是木質或合成物質的；場地界線為白色。比賽場區和無障礙區分別為另外不同顏色。

2.排球比賽場地上的區和區域

關於排球比賽場地的幾點說明：

（1）比賽場區：比賽場區為長 18×9 公尺的長方形。中線把它分為相等的兩個場區。兩條長線是邊線。兩條短線為端線。

（2）所有界線的寬為 5 公分，線的寬度均包括在場區內。

（3）發球區：寬為 9 公尺，兩條邊線後各畫一條長 15 公分，垂直並離端線 20 公分的短線，兩條短線之間的區域為發球區，其短線寬度包括在發球區內，發球區的深度延至無障礙區終端。

（4）前場區、後場區：中線與進攻線構成前場區。中

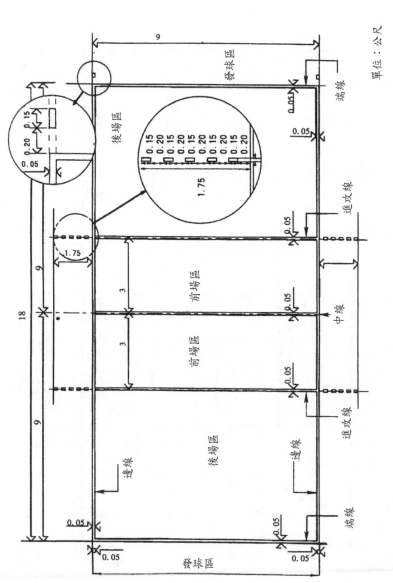

單位：公尺

排球比賽場地

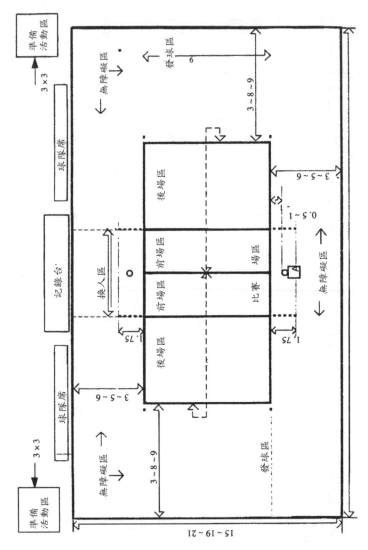

排球比賽場地上的區和區域

單位：公尺

線中心線與進攻線距 3 公尺。前場區向邊線外的無障礙區無限延長。進攻線與端線構成後場區。

國際排聯世界性比賽時，在每條進攻線邊線兩側各畫 5 個長 15 公分、寬 5 公分、並間隔 20 公分的虛線，虛線總長 1.75 公尺。

（5）無障礙區：比賽場區的四周至少有 3 公尺寬的無障礙區，從地面量起至少有 7 公尺的無障礙空間。

國際排聯世界性比賽場地邊線外的無障礙區至少寬 5 公尺，端線外至少寬 8 公尺，比賽場地上空的無障礙空間至少 12.50 公尺高。成年世界性錦標賽和奧運會比賽，其無障礙區邊線外至少寬 6 公尺，端線外至少寬 9 公尺。

（6）換人區：兩條進攻線的延長線與記錄臺一側邊線外的範圍為換人區。

（7）準備活動區：無障礙區外球隊席的遠端，有 3×3 公尺的區域為準備活動區。

（8）判罰席：隊員席後畫 1 公尺見方的區域，內設兩把椅子為判罰席。被判罰出場的成員應坐在判罰席上。

3.溫度與照明

（1）溫　度

最低溫度不得低於 10 攝氏度（50 華氏度）。國際排聯世界性比賽的室內溫度，最高不得高於 25 攝氏度（77 華氏度），最低不得低於 16 攝氏度（61 華氏度）。

（2）照　明

國際排聯世界性比賽室內照明度在距地面 1 公尺高度進行測量，應為 1000～1500 勒克斯。

4.場地的畫法

先在場地中央畫一條9公尺長的中線ＭＮ。然後取Ｍ
Ｎ中點Ｏ為圓心，以10.06公尺為半徑，向4個場角畫弧；
再分別以Ｍ、Ｎ為圓心，以9公尺為半徑，向同側的兩個
場角畫弧與前弧相交，成4個交點Ａ、Ｂ、Ｃ、Ｄ。連接
這4點便形成了場地的邊線和端線。

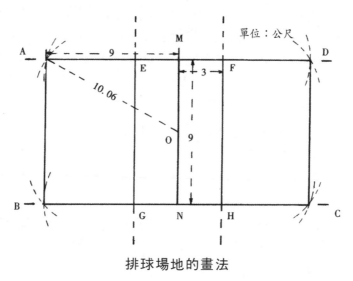

排球場地的畫法

再分別以ＭＮ為圓心，以3公尺為半徑，在各邊線上
截取Ｅ、Ｆ、Ｇ、Ｈ點，連接ＥＧ、ＦＨ形成進攻線。

最後畫了發球區短線。在兩條端線後邊線延長上，各
畫一條長15公分，垂直並距離端線20公分的短線，兩條
短線之間的區域為發球區。

根據比賽的要求，在每條進攻線邊線兩側畫5個長15
公分、寬5公分、並間隔20公分的虛線，虛線總長1.75公
尺。

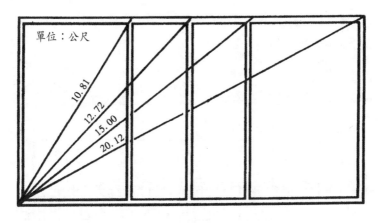

排球場地的檢查

排球場地所有線寬為 5 公分，其寬度包括在各自的場區之內。

5.排球場地的檢查方法

檢查場地是否符合規定標準，可將鋼尺一端固定在球場的一角，然後向各點進行丈量。

（二）球網和網柱

1.球　網

球網為黑色，長 9.50 公尺、寬 1 公尺，架設在中線的中心線的垂直面上。球網上沿縫有 5 公分寬的雙層白帆布帶，用一根柔韌的鋼絲從中穿過，將球網固定在網柱上。

球網的高度男子為 2.43 公尺，女子為 2.24 公尺。少年比賽網高男子一般為 2.35 公尺，女子為 2.15 公尺。一般基層比賽或兒童比賽的網高可根據情況自行確定。

球網高度應用量尺在場地中間丈量。場地中間的高度

必須符合規定網高，兩條邊線上空的球網高度必須相等，並不得超過規定網高 2 公分。

2.網　柱

網柱應為兩根高 2.55 公尺的光滑圓柱。最好是能夠調

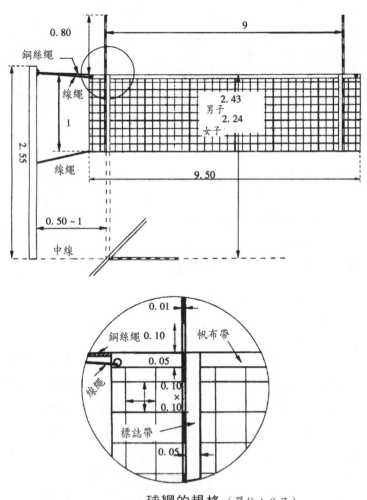

球網的規格（單位：公尺）

節高度，網柱固定在邊線外 0.5～1 公尺處。禁止使用拉鏈固定網柱。一切危險設施或障礙物都必須排除。

3.標誌帶

標誌帶是兩條寬 5 公分、長 1 公尺的白色帶子，分別繫在球網兩端，垂直於邊線。標誌帶被認為是球網的一部分。

4.標誌杆

標誌杆是兩根有韌性的杆子，長 1.80 公尺，直徑 10 公分，由玻璃纖維或類似質料製成，分別設在標誌帶外沿球網的不同兩側。標誌杆高出球網 80 公分，高出部分每 10 公分應塗有明顯對比的顏色，最好為紅白相間。

標誌桿被認為是球網的一部分，並視為過網區的邊界。

（三）球

比賽用球的顏色可是一色的淺色或國際排聯批准的多色球，圓周為 65～67 公分，重量為 260～280 克，氣壓為 0.30～0.325 公斤／平方公分。

國際排聯世界性比賽，各大洲和各國錦標賽、聯賽所使用的球必須是國際排聯批准的用球。

為縮短非比賽時間，正式比賽均採用三球制。為此在一次比賽中所用的球，其特性包括圓周、重量、氣壓、牌號及顏色等都必須是統一的。

（四）裁判臺

裁判臺是一個長約 80 公分、寬約 70 公分，調節範圍

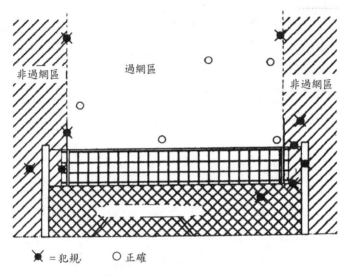

☒ ＝犯規　　○ 正確

球從過網區或非過網區通過示意

在 1.10～1.20 公尺高度之間，可站立、可坐的升降臺。裁判臺的前面應製成弧形，並包上海綿類的護套，防止運動員受傷。

　　裁判員執行任務時應根據自己身高調節裁判臺的高度，一般使裁判員的水平視線高出球網上沿 50 公分左右為宜。

二、主要規則及裁判方法

（一）勝一分、勝一局和勝一場

比賽採用每球得分制，勝一球即勝 1 分。

比賽的前 4 局以先得 25 分，並同時超出對方 2 分的隊

為勝1局。當比分為24：24時，比賽繼續進行至某隊領先2分為勝1局（如26：24，27：25）。決勝局以先得15分，並同時超出對方2分的隊獲勝。當比分為14：14時，比賽繼續進行至某隊領先2分為止（如16：14，17：15）。

正式比賽採用5局3勝制。最多比賽5局，先勝3局的隊為勝一場。

（二）關於「自由防守隊員」的規定

1.各隊登記在記分表上的12名運動員中，可選擇一名隊員為「自由人」，並在其姓名旁注明「L」字樣，其呈碼與首先上場的6名隊員一樣，也必須登記在第一局的位置表上。

2.「自由人」必須穿著與其他隊員不同顏色（或不同式樣）的上衣。

3.「自由人」可以在比賽中斷和裁判員鳴哨發球之前，從進攻線和端線之間的邊線處自由進出，換下任一後排隊員，不需經過換人過程，也不計在正常換人人次數內，其上下次數不限，但在其上下2次之間必須經過一次發球比賽過程。

4.「自由人」不得發球、攔網和試圖攔網。

5.「自由人」在任何地區（包括比賽場區和無障礙區）都不得將高過於球網上沿的球直接擊入對區。

6.「自由人」在前場區及前場區外無障礙區進行上手傳球，當傳出的球的整體高於球網上沿時，其他隊員不得進行進攻性擊球。當他在後場區及後場區外無障礙區上手

傳出的高於球網上沿的球，其他隊員可以進行進攻性擊
球。

7.「自由人」受傷，經裁判員允許可由登記在記分表
上的任一隊員替換，受傷的「自由人」在這場比賽中不得
再參加比賽。替換受傷「自由人」的隊員在這場比賽中僅
限於以「自由人」的身份參加比賽。

（三）裁判員的組成及其工作位置

正式比賽的裁判員應由第一裁判員、第二裁判員、記
錄員和 2 名司線員組成。正式的國際比賽要求有 4 名司線
員。另外，還應配有播音員、司分員、6 名撿球員和 6 名
擦地板員（必要時還需增加兩名擦地「游擊」手）等輔助
裁判。

在基層比賽中，有時由於條件限制不可能按規則要求
安排如數的裁判人員，可根據條件，由組委會決定每場比
賽精簡的裁判人數。但無論裁判如何精簡，都應保證比賽
能按照規則規定，公正、順利地進行。必要的記錄是不可
缺少的，因為它是比賽情況的唯一依據。

1.第一裁判員

他是站在或坐在球網一端的裁判臺上工作的。第一裁
判員是一場比賽的領導者和最高法官，在比賽中他的判定
是最終判定。

2.第二裁判員

他站在第一裁判員對面，比賽場區外的網柱附近。他
是第一裁判員的助手，他可允准比賽間斷的請求，掌握間
斷的時間和次數，他還負責掌管記錄臺、準備活動區中的

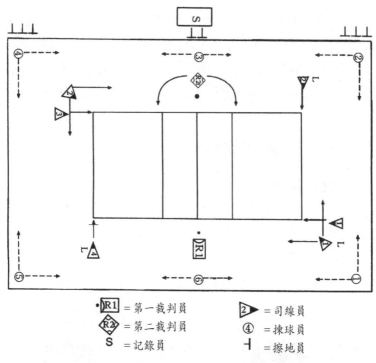

•R1 = 第一裁判員	▷2 = 司線員
R2 = 第二裁判員	④ = 揀球員
S = 記錄員	⊣ = 擦地員

裁判工作人員位置圖

隊員，比賽中他負責檢查球和比賽場地地面等。

3.記錄員

他坐在第一裁判員的對面、第二裁判員後面的記錄臺處。他在比賽前按照規定的工作程序登記有關比賽和兩隊的情況，並取得雙方主教練、隊長的簽字。每局比賽開始前根據比賽雙方交來的位置表登記各隊上場陣容，並核對場上隊員的位置是否與位置表相符。

4.司線員

根據司線員人數的不同，他們的工作位置不同。國際

排聯組織的世界性比賽必須有 4 名司線員。他們分別站在距場角 1～3 公尺的位置上，每人負責一條界線。一般國內比賽採用 2 名司線員，他們的位置分別站在第一、第二裁判員右側的角端，離場角 1～2 公尺，各負責一條端線和一條邊線。

（四）主要規則簡介

1.允許發球

第一裁判員見發球隊員持球在發球區站立，雙方隊員已做好發球準備時，便鳴哨發球。同時做允許發球手勢。

2.界內球

球的落點在場區內或觸及邊、端線均為界內球。

揮動發球隊一側手臂

允許發球

整個手臂和手掌斜指向地面

界內球

3.界外球

球的落點在場區外；球觸及場外物體、天花板或非比賽成員；球觸及標誌杆、網繩、網柱或球網標誌杆以外

兩臂屈肘上舉，手掌向後擺動

界外球

部分；球的整體或部分
從過網區以外過網等均
為界外球。

4.觸手出界

球觸及隊員身體任
何部位後飛出界外，即
被認為球是被該隊員擊
出界的。

兩臂舉起，一手掌
摩擦另一手指尖

觸手出界

5.位置錯誤

隊員未按位置表上規定的發球次序發球，則構成發球
次序錯誤。

6.發球時球未拋起犯規

發球時球未拋起或持球手未撤離即為犯規。

7.發球區外發球犯規

發球隊員擊球瞬間未在發球區內，則構成犯規。

8.發球延誤犯規

裁判員鳴哨發球後 8 秒之內必須將球發出，超過 8 秒
則構成發球延誤犯規。

一臂屈肘慢慢舉起，掌心向上

發球時球未拋起犯規

雙手上舉，一手五指分
開，另一手三指分開

發球延誤犯規

9.發球掩護犯規

發球隊的一名隊員揮臂、跳躍或左右移動，或幾名隊員密集站立企圖利用掩護阻攔對方觀察發球隊員的動作和球飛行路線，並且球從他們上空飛過，則構成發球掩護犯規。

10.四次擊球犯規

規則規定每隊最多擊球三次（攔網除外），第三次必須將球從網上擊回對方。若超過三次即為四次擊球犯規。由經一裁判員負責判定。

兩臂上舉，掌心向前
發球掩護犯規

一臂屈肘舉起，伸出四個手指
四次擊球犯規

11.持球犯規

規則規定身體任何部分都可以觸及球，擊出的球也可以向任何方向彈出，但若未將球擊出，造成接住或拋出，則構成持球犯規。

12.連擊犯規

一名隊員連續擊球兩次或球連續觸及他身體不同部位（攔網觸球的一次除外），則構成連擊犯規。

一手掌前平舉，掌心向上

持球犯規

一臂屈肘舉起，伸出兩個手指

連擊犯規

13.過網犯規

在對方進行進攻性擊球前或擊球時，在對方空間觸及球或對方隊員，則構成過網犯規。

14.過中線犯規

隊員整個腳、手或身體其他任何部位越過中線並觸及對方場區，則構成過中線犯規。

一手掌心向下，前臂置於球網上空

過網犯規

手指指向中線

過中線犯規

15.觸網犯規

隊員在進行擊球時觸及球網，則構成觸網犯規。

16.後排隊員進攻性擊球犯規

後排隊員在前場區對高於球網上沿的球完成進攻性擊球，則構成後排隊員進攻性擊球犯規。

一人觸網頂或觸犯規
隊一側球網

觸網犯規

一臂向上舉起，
前臂向下擺動

後排隊員進攻性擊球犯規

17.後排隊員攔網犯規

後排隊員靠近球網，將手伸向高於球網處阻擋對方來球，並觸及了球，則構成後排隊員攔網犯規。手勢與發球掩護同。

18.得　分

排球比賽採用每球得分制，勝 1 球即勝 1 分。

平舉發球隊一側的手臂

得　分

19.司線員的旗示

向下示旗

界內球

向上示旗

界外球

一手舉旗，另一手
放置在旗頂上

觸手出界

一手舉旗晃動，
另一手指端線或標誌杆

球從非過網區通過，發球犯規

兩臂胸前交叉

無法判斷

鳴哨與手勢

　　裁判員在比賽中自始至終都是以鳴哨和手勢來進行裁判工作的。裁判員對比賽中出現的各種情況作出判定後，應立即鳴哨，然後必須以法定的手勢展示給運動員、記錄員和觀眾等。

　　1.哨　音

　　（1）鳴哨要堅決、果斷、及時、響亮，鳴哨要有節奏、有輕重、有長短。

　　（2）避免第一、第二裁判員之間的重複鳴哨。

　　2.手　勢

　　（1）手勢要準確、及時、規範、清楚、大方。

　　（2）第一裁判鳴哨中止比賽後，應先用手勢指出應發球一方，然後用另一隻手（或雙手）的手勢表明犯規性質，在有必要時指出犯規隊員。如用單手手勢時，必須用犯規隊或提出請求的隊的同側手表示。

　　（3）第二裁判對職責範圍內的判斷應鳴哨中止比賽，先指出犯規性質，然後指出犯規的隊，再隨第一裁判員表示應發球的一方。

　　（4）當雙方犯規時第一、第二裁判員都應先指出犯規性質，然後在有必要時指出犯規隊員，再指出應發球一方。

　　（5）裁判員的手勢要稍有停留，讓其他裁判員、運動員、教練員和觀眾都能看得清楚。

　　（6）當裁判員之間判斷不一致時，第一裁判員不論維持原判還是改判，都應再次明確做出最後判定的手勢。

（五）關於非技術犯規

1.上場隊員位置的規定

賽前，位置表一經交出，便不得更改。

場上 6 名隊員分兩排站立，每排 3 名。前排從左到右稱為 4、3、2 號位隊員，後排從左到右稱為 5、6、1 號位隊員。比賽中，當某隊取得發球權時，全隊必須向順時針方向輪轉一個位置。由輪到 1 號位的隊員發球。

規則規定，在發球擊球的瞬間，同排隊員中的中間隊員的位置不能比兩側隊員距離邊線更近，平行也不行；同列隊員中的後排隊員，不能比前排隊員距離中線更近，平行也不行。

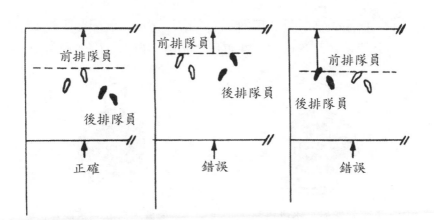

前排與後排隊員位置關係

第9章 排球比賽方法及規則

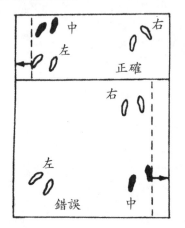
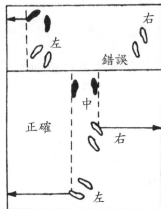

同排隊員位置關係

2.位置錯誤

發球隊員擊球的一瞬間，雙方任一隊員不在正確的位置上，則構成位置錯誤犯規。

3.替換的規定

合法替換：規則規定每一局每隊最多可替換6人次。

自由防守隊員的替換不受「合法替換」的限制，也不必登記。在「死球」或在每局開始前，自由防守隊員可從

一手食指在體前水平繞環

位置錯誤

兩臂屈肘在胸前繞環

替　換

記錄臺一側的後場區邊線處自由進出，換下任何一名後排隊員（正在發球的隊員除外）。

4.暫停與技術暫停的規定

國際排聯組織的世界性比賽的暫停規定：第1～4局，每局有兩次技術暫停，在任一隊領先到達 8 分、16 分時自動執行，時間為 1 分鐘。除此以

一臂屈肘抬起，另一手手掌放在該手指指尖上

暫　停

外，每隊還有一次請求普通暫停的機會。決勝局無技術暫停，每隊可請求兩次普通暫停，每次時間為 30 秒。

5.局間休息與交換場區的規定

局間休息時間均為 3 分鐘，然後雙方交換場區。決勝局中某隊先到 8 分時，雙方也交換場區。

兩手掌在胸前交叉

一局或全場比賽結束

兩臂在體前體後繞體旋轉

交換場區

第*9*章　排球比賽方法及規則

國家圖書館出版品預行編目資料

排球技巧圖解／鍾秉樞　蘇麗敏　主編
——初版，——臺北市，大展，2005〔民94〕
面；21公分，——（運動精進叢書；7）
ISBN 957-468-393-1（平裝）

1.排球
528.954　　　　　　　　　　　　　94010525

排球技巧圖解

ISBN 957-468-393-1

主 編 者／鍾 秉 樞　蘇 麗 敏
責任編輯／秦 德 斌
發 行 人／蔡 森 明
出 版 者／大展出版社有限公司
社　　 址／台北市北投區（石牌）致遠一路2段12巷1號
電　　 話／（02）28236031・28236033・28233123
傳　　 眞／（02）28272069
郵政劃撥／01669551
網　　 址／www.dah-jaan.com.tw
E－mail／serviec@dah-jaan.com.tw
登 記 證／局版臺業字第2171號
承 印 者／翔盛彩色印刷公司
裝　　 訂／建鑫印刷裝訂有限公司
排 版 者／弘益電腦排版有限公司
初版1刷／2005年（民94年）8月

定　價／230元

大展好書　好書大展
品嘗好書．冠群可期